Gerhard Polt • Brauchts des?

W0012434

GERHARD POLT
Brauchts des?

Monologe, Geschichten und andere Delikatessen
Einige in Zusammenarbeit mit Hanns Christian Müller

KEIN & ABER
POCKET

Weitere Bände der Reihe:
Da schau her (Band I)
Ja mei ... (Band II)
Mit Respekt (Band IV)

Das gesamte Werk von Gerhard Polt ist bei Kein & Aber erschienen.

Aktualisierte Neuausgabe
Alle Rechte vorbehalten
Copyright © 2022 by Kein & Aber AG Zürich – Berlin
Coverbild: Paul Sessner
Satz: Fotosatz Amann, Memmingen
Druck und Bindung: CPI books GmbH, Leck
ISBN: 978-3-0369-6138-5
Auch als eBook erhältlich

www.keinundaber.ch

Inhalt

GRUNDWERTE – FUNDAMENTALE
RÜCKBESINNUNG. 7
Historische Dimension 9 – 1705 11 – Bad Hausen 14

DAS GEMEINSAME HAUS EUROPA 17
Anlässlich der Grenzen 19 – Europa und Bier 21 – Stille
Hilfe 23 – Alles über den Russen 25 – Convertibilität 28 –
Futur (futuristisch) 29 – Flughafen der Zukunft 32

WIRTSCHAFTSSTANDORT DEUTSCHLAND 35
Der Standort Deutschland 37 – Die souveräne Persönlichkeit 39 – Freiheit 42 – Technologische Innovation 44 – Pati-
entenvermietung 47 – Future Realities 50

FORDERUNG UND FÖRDERUNG DES
FÖDERALISMUS. 63
Attacke auf Geistesmensch 65 – Der Weber Max 69 – Gegen-
darstellung I 73 – Der Revolutionär 77 – Unser Heinz! 79 –
Im Bauernmuseum 83

MOBILITÄT, FLEXIBILITÄT UND TRANSPARENZ 87
Der Ensemble-Schutz 89 – Die Garage 92 – Gemütlichkeit 96 – Die Zeit 98 – Über Karrieren 99

SOZIALABBAU UND NEUE KRIMINALITÄT. 101
Die Verteidigung der Gummibären 103 – Hausmeister-
sorgen 106 – Zeitzeichen 109 – Stronzo-Stronzata 112

MEDIENKULTUR UND KULTURSPONSORING . . 115
Disagissimo 117 – Innenansichten 122 – Der Cineast 123 –
Gedanken eines Medienkaufmanns 127

SAVOIR-VIVRE 131
Der Altstadtliebhaber 133 – Menschenfresser 136 – Der Ruhe-
Erzwinger 141

WIRTSHAUSGESPRÄCHE 143
Veteran und Reservist 145 – Eintracht 155

HOBBY UND FREIZEIT 161
Der Hobby-Feuerwerker 163 – Der NS-Sammler 165

ESOTERIK UND ERFÜLLUNG 169
Die Hölle 171 – Pyrodorm 2000 173 – Nachrufredakteur 178 – Danksagung 182

ZUKUNFTSSICHERUNG 183
Muttersorgen 185 – Longline 189 – Der Schuldenkäufer 193

JAHRESAUSKLANG – JAHRESANFANG 197
Sankt Nikolaus 199 – Der Weihnachtsneger 204 – Vorsicht,
Neujahr! 205

GRUNDWERTE – FUNDAMENTALE RÜCKBESINNUNG

Historische Dimension

Meine sehr verehrten Damen und Herren, gestatten Sie mir, dass ich, dem Anlass entsprechend, noch ein paar Anmerkungen machen möchte. Obwohl mein sehr verehrter Herr Vorredner bereits Substantielles von sich gegeben hat, so möchte ich dem heutigen Abend und dem Anlass, der uns ja heute zusammengeführt hat, doch noch ein paar Punkte vielleicht noch hinzufügen, meine sehr verehrten Damen und Herren. Allerdings in der mir gebotenen Kürze, denn ich weiß, meine sehr verehrten Damen und Herren, das Buffet wird demnächst eröffnet werden, und ich weiß auch, meine sehr verehrten Damen und Herren, dass mit kurzen Anmerkungen wir den Dingen vielleicht gerechter werden können, als wir es mit langatmigen und sonstigen Erzählungen … vermöchten. Meine sehr verehrten Damen und Herren, als Pharao Cheops seine Pyramide in Giseh errichtet hat, da war es kein anderer als sein Nachfolger Chephren, oder wie er unterägyptisch auch heißt: Chafran, der eine zweite Pyramide gebaut hatte – und da hätten wir schon den dualistischen Gedanken. Pyramide zu Pyramide, aber obwohl der Satz da lautet: ein Terzium non datur, kommt der dritte hinzu, und es ist Men-Chaophre oder Men-Hahare, oder in Oberägypten auch Megreh genannt, nicht wahr, die Griechen sagen einfach Mykerinos, und er baut die dritte Pyramide, meine sehr verehrten Damen und Herren. Und das gibt doch zu denken. Und das lässt uns doch dazu reflektieren – diese drei Pyramiden, das ist kein Zufall, meine sehr verehrten Damen und Herren. Aber wir wollen uns jetzt nicht in Giseh aufhalten, meine sehr verehrten Damen und Herren, sondern unser Blick geht schon hinüber ins Zweistromland, wir sind am Euphrat, am Tigris, und schon spüren wir, nicht wahr, Nebukadnezar, ein Nabuchodonosor, der berühmte Menetekel ufarsin, kann man es deutlicher sagen, meine sehr verehrten Damen und Herren, nicht wahr – und das Ganze mit den Türmen von Babylon und so, aber das schenken wir uns jetzt. Wir gehen nun rüber nach Latium, wobei ich jetzt ausgelassen habe die schöngeistigen Griechen mit allem, nicht wahr? Schliemann hat sie ja so bunt beschrieben,

Sokrates und so weiter … Nein, wir sind in Latium. Latium, das blutgetränkte Land, die Erde von Latium, gehen wir mal hinein ins 5. Jahrhundert vor Christi, oder das 4., das spielt jetzt gar keine Rolle, nicht wahr – meine sehr verehrten Damen und Herren, das 4. Jahrhundert war ein Bonbon unter den Jahrhunderten in Latium, und da kommen sie, nicht wahr, die bedeutenden Leute – nicht *underdogs* –, wie sie genannt wurden: die Gracchen, Gracchus der Jüngere – jünger als Gracchus der Ältere –, nicht wahr, total vergracht, und haben versucht, das Ihrige zu leisten. Sie wussten, sie sind ja Zeitgenossen, meine sehr verehrten Damen und Herren. Und wir gehen weiter, das Mittelalter, eine Renaissance fließt an uns vorüber. Große Namen. Ein Tiepolo, nicht wahr, der in Würzburg gemalt hat und sich gewehrt hat, in Friedrichshafen auch nur ein Bild zu malen, meine sehr verehrten Damen und Herren. Aber, meine sehr verehrten Damen und Herren – die großen Namen! Sie spüren doch selber: Es schmeckt nach Abendland! Sie spüren doch selbst, wie der Hauch der Geschichte hier ein bisschen hereinweht … Meine sehr verehrten Damen und Herren, ein Metternich, der ließ nicht einfach so alles aus der Reihe tanzen – ich weiß nicht –, aber die großen Namen, die Leonardo da Vincis, die Michelangelos, die stehen doch nicht einfach vor sich. Und sie sind's: die Heroen unserer europäischen … unserer Epoche, meine sehr verehrten Damen und Herren. Und da sind wir eben schon, ein Napoleon, ein Gaius Julius Caesar – und, meine sehr verehrten Damen und Herren, und das veranlasst mich, den heutigen Abend noch einmal … Und lassen Sie es uns gebührend erwähnen: Er sitzt heute unter uns! Und wir sind gekommen, unser Haupt zu verneigen – vor ihm und seinem Gesamtwerk –, und wir sagen: Vielen Dank, Alfons Pröbstl, dem Mitbegründer der Bayerischen Landesboden-Kreditanstalt und sämtlicher Filialen! Ich danke Ihnen.

1705

Sehr verehrter Herr Ministerpräsident – ich darf Sie sowie Sie, Exzellenz Landesbischof Waller, aufs Allerherzlichste begrüßen –, selbstverständlich auch unseren Landrat Dr. Batz, Herrn Oberstleutnant Freiherr von Epp und auch unseren Pfarrer Monsignore Dobler, unseren Bürgermeister Hans Steindl, Ihnen allen ein herzliches Grüß Gott im Namen der Gebirgsschützen, die heute hier angetreten sind.

Kameraden!

Am heutigen Patronatstag, der unter der Schirmherrschaft unseres verehrten Ministerpräsidenten Dr. Edmund Stoiber steht, haben wir bayrischen Gebirgsschützen uns heute hier versammelt, um der Opfer zu gedenken, die bereit waren, unter Einsatz ihres Lebens unsere geliebte Heimat zu verteidigen. Wir gedenken der Gefallenen von 1705. Heldenmütig haben die Oberlandler versucht, die österreichischen Panduren, welche in Horden unser Land im Würgegriff hielten, hinauszuschmeißen, aber leider, durch den Verrat, wie so oft in der Geschichte von einem Weiberts, wurde die Sache abgeschmettert, und so kam es zur Mordweihnacht von Sendling.

Auch heute stehen wir wieder vor schwierigen Aufgaben, die sehr schwierig sind, weil nicht nur der äußere Feind uns bedroht, sondern der innere Feind, der wo aber auch von außen kommt, aber bereits schon bei uns herin ist. Es ist zwar nur eine Minderheit, aber die ist es, welche die Mehrheit terrorisieren will, und deshalb erkennt man sehr schnell, dass diese Minderheit der innere Feind ist. Überall sitzt er drin, wie zum Beispiel im Fernsehen, wo man der Mehrheit unserer Bürger faule Fleischreste zeigt, mit Würmern und Trichinen, und das tut man, damit uns der Appetit vergeht und mia Kerndl fressen und unsere Landwirte kein Fleisch mehr verkaufen. Diese Kerndlfresser sind nur ein Beispiel, wie eine Minderheit uns schikaniert und man zum Psychiater gehen muss, damit einem beim Anblick von einem Schnitzel nicht schlecht wird. Und genau dieselben sind es auch, welche die Biergärten schließen wollen, weil es ihnen nicht passt, dass die Mehrheit am Bier eine Freud hat, obwohl man in diesem Land sich aus Tradition zum Bier bekennt und es weit über tausend Jahre aus kultureller Verantwortung trinkt.

Jeder bei uns weiß, dass das Bier mit unserem Glauben aufs Engste verbunden ist, weil, wie wir von den Klöstern her wissen, die katholische Religion das Bier nicht nur empfiehlt, sondern sogar selbst braut.

Immer mehr so Einzelgänger, Individuen und Singles, manche haben die Frechheit, sich als Künstler zu bezeichnen, wollen unser Land verschandeln, ja sie schrecken nicht zurück, selbst unseren Glauben zu verhunzen. Die heilige Muttergottes wird in Wolfratshausen im Minirock auf eine Brücke hingestellt, sodass die einzige Antwort auf solch ein Schandwerk ist, dass man es in den Fluss schmeißt.

Dieselbe Bagage ist es auch, die sich immer mehr in den Straßenverkehr mischt und überall Geschwindigkeit dreißig fordert, aber das glangt ihnen nicht, dann wollen sie lauter Verkehrsinseln und Stolperschwellen errichten, um alles zu verhindern. Dass es aber auch bei uns viele Menschen gibt, denen es pressiert, ist ihnen gleich.

Der Schaden, wo diese Minderheit anrichtet, geht in die Milliarden.

Sie sind gegen alles – jeden Tunnel, und wenn er noch so vernünftig ist, feinden sie an. Will man eine Zugtrasse errichten, sind sie schon dagegen, vom Atom will ich gar nicht reden, weil wenn es nach ihnen geht, sollen wir wieder in Höhlen wohnen. Tschernobyl ist aber nicht in Bayern, und Kitzbühel ist in Tirol, das weiß ein jeder, aber man will uns für blöd verkaufen. Heute schaut es so aus, dass alles möglich ist. Diese Preußen behaupten, dass sie Münchner sind, und die Neger geben sich zunehmend als Deutsche aus, immer mehr drücken in unser Land hinein und behaupten frech, sie wären mir.

Kameraden – wir Gebirgsschützen sind aufgerufen, diese Zustände genau zu beobachten. Große Namen verbinden sich mit unserer Tradition, wie Graf Arco, der dem Spiel dieser Schlawiner, die unser Land an die Bolschewisten ausliefern wollten, ein Ende gemacht hat.

Auch ziehen wir den Hut vor Persönlichkeiten und sagen

Reschpekt, wenn sich einer heute noch traut, sich öffentlich hin-
zustellen, obwohl er dadurch beruflich große Nachteile riskiert
und Verfolgungen bis hin zu Ehrabschneidung, wenn er sagt, jawohl, ich sympathisiere mit der CSU.

Wir in Bayern sind doch eine Demokratie, wo kein Mensch
gezwungen wird, eine Minderheit zu werden, jeder hat das Recht,
sich zur Mehrheit zu bekennen und sich anständig zu benehmen,
und wenn er das tut, dann braucht er kein schlechtes Gewissen zu
haben, wenn er in aller Ruhe einen Schweinsbraten isst und einige
Bier dazu trinkt, dann waren auch die Opfer von 1705 nicht umsonst.

Ich danke Ihnen!

Bad Hausen

Liebe Kurgäste, liebe Freunde aus nah und fern, es freut mich, Sie alle hier in unserer schönen neuen Mehrzweckhalle in Bad Hausen begrüßen zu dürfen. Ein herzliches Grüßgott auch unserem Pfarrer Seybold, der auch heute unter uns dabei ist, wenn amal wieder ein Heimatabend bei uns stattfindet. Bevor aber wir dann die Treuenadeln für dreißigjähriges Urlaubmachen in Bad Hausen verteilen mit anschließender Tombola – lassen Sie mich uns Ihnen, die erst neu zu uns gekommen sind, amal vorstellen.

Bad Hausen liegt auf einer Höhe von 763 Höhenmetern über dem Meer, umrankt von Bergen wie dem Biegelstein, dem Bürstling und der Führerspitze, welche mit 1722 Metern beachtlich in den Himmel ragt.

Gegründet wurde Bad Hausen im Jahre 1009 von Heinrich dem Flötzer, ein Neffe von Heinrich VI. Heinrich der Flötzer, so erzählt die Geschichte, trennte sich von seiner Gemahlin Algunda, indem er diese aus dem Hause trieb und diese sich dann auf eigenen Wunsch – oder Verlangen – hin, sich eine Zelle, oder ein Haus – Haus – Hausen errichtet hat, in der Hoffnung, fürderhin mehr alleine zu sein. Algunda wurde kurz nach ihrem Einzug in das Haus erschlagen und sehr bald danach heiliggesprochen, um dem bereits internationalen Reliquienhandel Aufschwung zu geben. Der Unterkiefer der heiligen Algunda befindet sich in Privatbesitz – ein Konsortium in New York ist der Eigentümer.

Aber Gott sei Dank ist unser Ort ebenfalls Bewahrer eine Reliquie der heiligen Algunda. Das gesamte Schlüsselbein von ihr ist in unserer Pfarrkirche und zieht Wallfahrer aus aller Herren Länder an. Ansonsten war es in Hausen das Mittelalter über und während der Renaissance ruhig. Hausen war jahrhundertelang eine beliebte Viehweide.

Auch das 18. Jahrhundert war ebenfalls ein stilles Jahrhundert, nur noch zweimal trat die Cholera auf, was wiederum der Reliquie der heiligen Algunda zu noch mehr Popularität verhalf.

Schließlich kam dann nach einer langen Odyssee der Kunstmaler Nepomuk Pröpstl zu uns nach Hausen, wo er dann in Öl den historischen Saustall malte. Der Saustall selbst wurde vor zwei Jahren abgerissen, und an seiner Statt entstand das schöne Feuerwehrhaus, was einen jeden, der sich für Architektur interessiert, zu Diskussionen einlädt.

Das Ölbild von Nepomuk Pröpstl kann im Heimatmuseum besichtigt werden, und zwar jeden Donnerstag von fünfzehn bis sechzehn Uhr, und jeder Gast, der über eine gültige Kurkarte verfügt, erhält fünf Prozent Ermäßigung auf den vollen Eintrittspreis.

Ja, liebe Gäste, sonst wäre noch anzumerken, auch über Bad Hausen brauten sich von 1936 bis 45 diese dunklen Wolken zusammen, aber Gott sei Dank hat sie der Wind dann doch bald wieder weggeblasen.

Weltberühmte Leute haben unserem Ort die Ehre erwiesen. Zum Beispiel Hermann Göring weilte hier gerne zur Jagd und hat persönlich mehrmals zum Halali geblasen. Zu dem angeblichen Skandal, dass man ihm erst vor drei Wochen die Ehrenbürgerschaft aberkannte, möchte ich jetzt keine Stellung nehmen, aber ich bin sicher, Sie zeigen dafür Verständnis.

Auch andere illustre Gäste kann Bad Hausen aufweisen. Der aus Presse, Funk und Fernsehen bekannte Konsul Weyer oder der Schlagersänger Gus Backus gaben sich bei uns ein Stelldichein. Schalck-Golodkowski schätzt die Bad Hausener Gastronomie, aber vor allem, meine Damen und Herren, kein Geringerer als unser allseits verehrter Franz Josef Strauß hat hier seine Zelte aufgeschlagen, wenngleich auch nur für einen Nachmittag, aber es bleibt unvergessen, wie er in der Gaststätte Zum Wiesenschmatzer eine ausgiebige Brotzeit zu sich genommen hat. Der Anlass seines Aufenthaltes war eine defekte Benzinpumpe seines Motorrads, mit dem er unterwegs war – er wartete fieberhaft auf eine Ersatzbenzinpumpe, die extra mit dem Hubschrauber aus München eingeflogen wurde.

Noch heute weist ein Hinweisschild auf die inzwischen historische Begebenheit hin, dass unser Ministerpräsident in Bad Hausen bei bester Stimmung einen Wurstsalat, einen Obatztn sowie mehrere Glas Bier zu sich genommen hat.

Erst vor kurzem hat der Gemeinderat von Bad Hausen beschlossen, und zwar einstimmig, dass gegenüber unserem Rathaus eine Skulptur aufgestellt wird, die ein lokaler Künstler modelliert, und zwar eine Benzinpumpe aus Bronze, circa zwei Meter hoch. Ja, liebe Gäste, Sie merken, ich bin bei dem, was ich Ihnen da erzähle, ein bisserl gerührt. Aber man darf doch stolz sein auf eine Heimat, wo ma sagt, Herrgott, so a Hoamatl, is des schee.

Aber jetzt noch ein paar *facts* und *informations* über Bad Hausen. Bad Hausen liegt wie gesagt 763 Meter über dem Meeresspiegel, und es hat derzeit 682 Einwohner und verfügt über eine Bettenkapazität von 8421 Betten. Es wird daran gedacht, die Bettenkapazität noch in diesem Jahrtausend um circa vierzig Prozent zu erhöhen, sodass wir mit ungefähr 12 000 Betten ins nächste Jahrtausend hineingehen. Bei einer Bettenauslastung von, sagen wir, neunzig Prozent wären das ungefähr 12 800 Übernachtungen pro Höhenmeter – damit lägen wir um sechsundzwanzig Prozent unter dem Kilimandscharo. Selbst Orte wir St. Moritz oder St. Anton kommen da in Bedrängnis, wenn wir von 682 Einwohnern ausgehen.

Aber zum Schluss noch: Was erwartet den Gast in Bad Hausen – der Phantasie sind keine Grenzen gesetzt natürlich – *mountain climbing – mountain biking – river rafting –*, aber wer will kann auch *hiking* und *bird watching* machen – *mushroom searching – freebenching – freshair snapping, original candlelight brotzeiting, Schmei sniffing* oder, wenn's beliebt, auch nur amal *unforced time passing* und *televisioning*.

Bad Hausen empfiehlt sich besonders auch für Senioren, weil es besonders ruhig ist bei uns, die ruhigsten 763 Meter Mitteleuropas, weil durch unsere Entwicklung unser Ort besonders kinder- und jugendfrei ist. Also, herzlich willkommen in Bad Hausen. Heartly welcome to Bath Housen.

DAS GEMEINSAME
HAUS EUROPA

Anlässlich der Grenzen

Liebe Mitbürgerinnen und liebe Mitbürger, liebe Landsleute!

Jetzt heißt es den Kopf klar behalten in dieser historischen Stunde. Wir alle sind gefordert, unseren gemeinsamen patriotischen Empfindungen und Gefühlen Mäßigung aufzuerlegen. Der Gedanke an die lange Trennung, die unsere gemeinsame Geschichte gemeinhin als Gemeinheit empfindet, bewegt uns zutiefst.

Wir gedenken heute des 13. Mai 1779. Der Vertrag von Tetschen hat unser bayerisches Vaterland in zwei Teile geteilt. Wir hier im Westen unseres weiß-blauen Vaterlandes denken an unsere Brüder und Schwestern jenseits des Inns, dieses unseres Schicksalsflusses, die im Innviertel, von uns seit mehr als zweihundert Jahren getrennt, dem Einfluss Österreichs hilflos ausgeliefert sind.

Länger schon als zweihundert Jahre gilt sie jetzt, die Grenze, die über Generationen hin Tausenden und Abertausenden von Zöllnern und Zollbeamten Brot und Zuversicht gegeben hat.

Und hier stehen wir nun, hoffend, dass auch im nächsten Jahrtausend die alte Frage weiterhin frohgemut erschallen wird, die Frage von wahrhaft abendländischer Dimension, welche dort an der Grenze die Herzen von uns so tief bewegt. Die Frage nämlich: »Haben Sie etwas zu verzollen?«

Diese Frage ist die Grundvoraussetzung für die Absicherung der Existenz tausender Familien diesseits wie auch jenseits der Grenze. Liebe Landsleute, wir merken auf – wer Zöllner will, der braucht auch Grenzen.

Ja, liebe Mitbürgerinnen und Mitbürger, ich schäme mich heute an diesem Tage meiner Rührung nicht, und ich weiß, dass nicht ich alleine es bin, der hier bewegt ist, aber als stolzer Bürger zu wissen, dass wir mit dem Landkreis Tölz, auch mit dem Landkreis Rosenheim, eine gemeinsame Landkreisgrenze haben, erfüllt uns mit Genugtuung, Begeisterung, um nicht zu sagen: Enthusiasmus.

Aus heutiger historischer Sicht würde ich durchaus sagen – einmal mit dem Fahrrad oder auch mit dem Auto hinüber in den anderen Landkreis fahren? –, ich würde sagen: Ja, warum nicht?

Oder gar ständige Besuche der Biergärten und Wirtshäuser im anderen Landkreis?

Ich sage hierzu entschieden: Jawohl. Das ist eine Kollaboration, die ich gelten lasse, aber eine Abschaffung der real existierenden Landkreisgrenze Miesbach – nicht mit uns – niemals –, Finger weg von unserer Landkreisgrenze!

Liebe Mitbürgerinnen und liebe Mitbürger, liebe Landsleute – eine Grenze, was ist denn das? Eine Grenze, liebe Landsleute, ist ein fließender Übergang – ein Übergang, langsam vom einen ins andere –, der Übergang bleibt im Ungefähren. Eine Grenze also ist das Gegenteil von einer Front. Also die Grenze zwischen Orient und Okzident ist in Tscheljabinsk im Ural links neben dem Salatbeet.

Prinz Eugen hat es nicht einmal verhindern können, dass das Wiener Schnitzel, welches eine osmanische Erfindung ist, die Grenzn des Orients überschritten hat, das Wiener Schnitzel findet seine Grenzn erst seit der Erfindung der Friteuse.

Liebe Landsleute, vergessen wir nicht, wo Werte sind, da sind auch Grenzen; also, es lebe hoch der niedrige Grenzwert bei Cäsium und Dezibel. Es lebe hoch die Grenzn des Machbaren, die Grenzn des Zumutbaren, es lebe hoch die Grenzn der Begrenztheit, der Toleranz, die Grenze lebe hoch.

Ja, liebe Mitbürgerinnen und Mitbürger, liebe Landsleute – wo kein Horizont ist, da braucht man doch Grenzen. Ich danke Ihnen.

Europa und Bier

Dreißigtausend Menschen klatschen, stampfen, schreien ekstatisch, rhythmisch: »Bier her, Bier her, Bier her, oder i fall um«, dann: »Ein Prosit der Gemütlichkeit«! Das Bierzelt ist zum Brechen voll, es dampft, es qualmt, es ist für den, der neu kommt, wie ein Hexenkessel. Ohrenbetäubend der Lärm. Bier – Rausch – Gewoge!

Die da schreien, kommen von überall her und sind durstig, und sie zahlen jeden Preis, um da zu sein. Ein Liter Benzin DM 1.40, ein Liter Bier DM 8.–. Das ist nichts. In Schweden kann der Liter Bier auch DM 20.– kosten. Wasserblaue riesige Augen widerspiegeln tiefes, unendlich tiefes Erstaunen. Die Dame aus dem Norden ist Alkoholentzugstherapeutin. Fast gewalttätig wird ihr zugeprostet. – Gemütlichkeit heißt die Parole! Da gibt's kein Widerstand. Das Bier muss hinein!

Europa – ein Oktoberfest! Nach zehn Maß Bier geht man heim. Es war grandios! Die Alkoholleichen kommen von überall her. Aus Frankreich, Spanien, England, Italien. Der unter dem Tisch kommt direkt vom Oktoberfest aus Carrara.

So viel Bier in sich zu haben, vollgesogen zu sein wie ein Schwamm, muss etwas Großartiges sein. Die Kinder werden eingesammelt und so lange aufbewahrt, bis ihre Besitzer, schon im Bus heim nach Verona, Reims oder Lüttich, zurückkommen, um sie abzuholen. Bier! Bockbier! Weißbierbock! Doppelbock! Jeder Schluck eine Persönlichkeit. Europäische Bierwallfahrten werden organisiert. Von Altötting nach Lourdes. Von Fatima nach Tschechenstochau zum Bier. Und als Proviant Fässer Bier. Wunder machen durstig. Bier und Marienerscheinungen!

Sie kommen aus den Fjorden des Nordens ans sonnendurchgleißte Mittelmeer zum Weißbier. Was heißt da Reinheitsgebot? Wer Durst hat, trinkt Bier. Ganz einfach Bier. Der Biergarten? Ja, das wäre etwas. Er brächte Ruhe ins Biertrinken. Keine deutschen Eichen – Rosskastanienwälder überzögen Europa. Herrliche Schattenspender beschützten uns vor dem Ozonloch, wir tränken unser tägliches Bier, sauften nicht, grölten nicht – bedächtig genössen wir unser Bier.

Am Atlantik oder an der Wolga! Nur so dasitzen. Leise fächelt der Wind.

Wir Europäer trinken uns zu. Von fern ertönt feine Blechmusik. Ohne Verstärker, versteht sich.

Wir Europäer verstehen uns.

Und wer das Bier alkoholfrei will, kann sich ja einen Schnaps dazubestellen!

Stille Hilfe

Liabe Leitl – 's isch mir eine Freid, dass mir heit z' enk auf Bsuach kemman können. Weil mir denkt ham, 's ischt Zeit, ins zu bedanken für die stille und lautlose Hilfe, die z'ös habts ins angedeihen lassen. Dieser Bsuach soll als eine Demonstration gwertet werden, dass mir mit dem Herrn Bletschacher durchaus verbunden sein, auch wenn immer a bissl ebbs von dem Wezi von derer Summe, die z'ös habts z' ins einigschickt, gfehlt hat. Aber des mit seine Kasschachtelen muaß ma aa verstehn, es war halt amal sein Steckenpferd. Aber was sich die Jurischten da ausdenkt ham, dass sie eahm glei hinter schwedische Gardinen an Hefn neigsteckt ham, dös is unmenschlich.

Und inser persönlicher Dank gilt natürlich auch enkan ehemaligen Burgermoaster, dem Kiesl Erich, hoffentlich bleibt er no a bissele krank, weil sinscht muaß er wahrscheinlich aa gleich zum Bletschacher eini. Aber selbst wenn er a paar Jahrl da drein verbringen muaß – mir mechten eahm sagen, er braucht koa Angscht ham, mir passen schon auf sein Anwesen auf – welches er so günschtig bei ins erworben hat. Wann's sein muaß, bewachen mir sei Häusl rund um die Uhr, und am Journalisten, der do sei Nasn reisteckt, dem dean mir oane aufibrennen, dass eahm des Törggelen vergeht und er koa Marenden nimmer braucht, der Siach. Sinscht noch amal herzlichen Dank für die Zuwendungen und vor allem für die Hilfe, dass mir so günstig über eich den tschechischen Sprengstoff ins haben besorgen können. Mit Sprengstoff samma jetza eideckt, aber mir werdn mit enk jedes Gramm, was mir verbrauchen, genau abrechnen – nit, dass ös glaubts mir gengan leichtfertig damit um. No ja, ös kennts ja den Spruch – Mander ans Gewehr, wo der Feind isch, da isch Ehr. Bevor mir aber mit enk des Liadl – zu Stacklheim in Banden – singen, möchten mir enk noch a Freid machen. Mir ham a Kassettn mitbracht, de kennts dann nach Stadlheim am Bletschacher überreichen, dass er in stillen Stunden sich erquicken kann mit unserer Gebirgsschützenmeditation – i spiel's enk amal vor. Da, das isch das Berg-Isl-Gedenkschiaßn im Sommer 1973 – und jetza das Andreas-

Hofer-Schiaßn im Herbst 1960, und jetza a Schmankerl, das große Tiroler Freitheitsschiaß auf der Muattnalm im Februar 1949 …
Halt, ich glaub, der Ton, da war ebbas nit ganz perfekt – machma's
no mal. Herrlich – also, da is das Kassettale, und sagts eahm im
Gfängnis drein ein scheana Gruaß – und isch der Weg ano so steil,
a bissle ebbs geaht allerweil.

Alles über den Russen

Mit schwerwiegender Stimme Mein Gott, wissen Sie, ich war drüben, sicherlich, und ich muss sagen, ich habe mir gedacht, na ja, dann schaust du dir die Sache halt noch einmal an, nicht wahr? Auf den alten Spuren, nicht wahr? Privat, individuell – darum habe ich auch diese Pauschalreise gemacht und muss sagen, es sind Impressionen, nicht wahr, die man da kriegt, das ist natürlich … äh … schon … äh, dass man sagen muss … äh … Aha, nicht wahr? Wissen Sie, weil … »der Russe«, sagen wir mal, nicht? Der Russe, man hat ihn ja damals zu dieser Zeit, man hat ihn ja praktisch privat, in dem Sinne, gar nicht kennengelernt! Man hat ihn ja damals mehr erschossen, nicht wahr? Und drum hab ich mir gedacht, na ja, schaust ihn dir noch amal an, nicht wahr? Denn, wie gesagt, der Russe ist ja meines Erachtens … ähm, ja … wie soll man ihn im Grunde beschreiben? Er ist, äh … eigentlich … durchaus, dass man sagen könnte … also in dem Sinn … irgendwie … ja doch, dass man meint … ja – warum nicht? Net wahr? Er ist auch … äh … irgendwie … ein, ein … sagen wir mal … verstehen Sie? Nein? Der Russe ist, sagen wir mal … ähm … ja … schon vom Ding her gesehen, nicht war, er ist genauso maskulin vorhanden, nicht wahr, also männlich, nicht wahr, weiblich is er genauso da wie sächlich anzutreffen, nicht wahr? Also auch farblich, er is durchaus, keineswegs, dass man sagt, jetzt … äh … net? Also er ist farblich … äh – rot, net wahr, fuchsert, net wahr; er ist blond, semmelbond, schwarz, grau, gräulich, net wahr, hellgelb, wie Sie wollen, net wahr? Also in diesem Sinn macht der Russe gar keine Sperenzchen, der Russe ist, äh … ja, sagen wir mal … Wie soll ich Ihnen denn das jetzt amal wirklich nahebringen? Folgendes Beispiel: Sagen wir mal, wenn es in Russland kühl ist, verstehen Sie, es zieht, nein? Feuchtigkeit, net? Kälte, net? Brr, nein? Ja, was macht er da, der Russe? Net, was tut er da? Net wahr, da greift der Russe zu einem Jackerl, zu einem Pullover, zu Hut, Schal, sogar Mantel, das ist alles im Bereich des Möglichen. Oder auch das Gegenteil: Sagen wir mal Hitze, Schwüle, man schwitzt, net? Da kann man dann durchaus erleben, dass der Russe dann shirtmäßig unterwegs ist, nicht wahr? Schaun Sie, ein Beispiel, nicht, im Zentrum dieser Riesenstadt dieses Riesenreiches, net wahr? Ich steh in etwa hier, ganz in der Nähe, wo er mumifiziert worden ist, approximativ circa vier bis fünf Meter vis-à-vis steht plötzlich, in dieser Stadt, neben mir ein Russe! Das muss man sich amal vorstellen, nein? In der Hand ein etwa wurstbrotartiges Gebilde haltend. Die Sache macht mich natürlich neugierig, und ich sehe, wie dieser Russe dieses wurstbrotartige Gebilde langsam, bedächtig zum Munde führt, einen Moment innehält, um dann plötzlich, wie von der Tarantel gestochen, hineinzubeißen. Und ich hatte durchaus den Eindruck, es hat dem Mann geschmeckt. Sehen Sie, das sind die Sachen, da legt man die Ohrwaschl an, nicht wahr? Aufgrund solcher Erfahrungen bin ich heute bereit zu sagen, der Russe, wenn er grinst, i würd sogar sagen, wenn er lacht, nein, wenn er – hihi – *er klatscht in die Hände* –, kann man durchaus davon ausgehen, dass er eine Gaudi hat. Jetzt passen Sie mal auf, jetzt werd ich Ihnen mal was erzählen, nicht wahr – folgende Situation: Nicht wahr, auf diesem riesigen Boulevard dieser Riesenstadt, nicht wahr, ein Riesenboulevard, der Russe ameist vor sich hin, nicht wahr, er schwappt hin und her, nicht wahr, in diesem Gewoge sehe ich plötzlich einen Russen weiblicher Herkunft, einen kleinen Russen mit sich führend, so a ganz a kleiner Russe noch, nein – *seine Stimme wird immer zärtlicher* –, a Pelzmütze hat er aufghabt, net, so a ganz a kleiner Russe, nein, so a gewindelter Russe noch, nein, und beugt sich herab, um diesem kleinen Russen etwas mitzuteilen. Ich muss natürlich hinzufügen, ich selber bin des Russischen ja kaum mehr mächtig, außer »rucki-werch«, also »Hände hoch«, bin ich mir nicht mehr … ist mir nicht mehr viel geblieben, nicht wahr. Und ich höre, wie dieser Russe zu dem kleinen Russen sagt: »Kuckuck, dada da dada«, irgend so was, nicht wahr – da, also, da hätten Sie den kleinen Russen erleben sollen, nicht wahr, der war begeistert, der war außer sich vor Begeisterung, der hat gelacht, der hat sich gefreut, der kleine Kerl – *immer begeisterter und mit kindlichem Klang* –, der war enthusiasmiert, nicht wahr, der … also der … das kleine Gsicht is auseinandergegangen, der Diezl is ihm aus dem Mund gefallen, net wahr, der hat gelacht, nicht wahr, und seitdem frag ich mich – *Stimme wird argwöhnisch* –, was lacht der Russe so? Und drum sag ich Ihnen mal das eine: Wenn der Russe in dieser Formation zu uns hierherkommt, wissen Sie, was dann los ist? Ja, wissen Sie, was dann los ist? Dann ist er da!

Convertibilität

Wissen Sie, ich meine – Gott sei Dank sind mir convertible – also kann ich mir was kaufen für mein Geld –, Sie wissen schon, weil drüben sinds alle nicht convertible, drum kriegens nur bei sich was, aber bei uns nichts – weil hinter dem Geld muss eine Arbeit stehen oder eine Leistung –, und die drüben können sich nichts leisten, weil s' nix leisten.

Bei uns ist das Geld anders definiert, weil es sich selbst vermehrt allein dadurch, dass es vorhanden ist. Ich hätte da einen Vorschlag, wie man gut leben könnte: Das wäre, Japan als Ganzes, sagen wir auf zehn Jahre, zu leasen – ein Leasingvertrag –, und dann des Japan an Österreich weiterverpachten und dafür eine Vermittlungsprovision kassieren, und dann könnte man leicht eine Weihwasserpipeline vom Vatikan durch die Bundesrepublik legen, dann spart man sich diese Container, und die Pipeline müsste bis nach Tschechenstochau in Polen gehen, und der ganze katholische Bereich wäre amal versorgt. Übrigens, in Brasilien oder so kann man sich, wenn man einen Konkurrenten ausschalten will, einen Killer, wenn er öffentlich-staatlich anerkannt ist, auch steuerlich abschreiben. Ich lege übrigens mein Geld in Luzern an, weil das ist die eigentliche Schweiz. Und wenn Sizilien einmal Kalifornien wird und der Goldrausch – ach, ich finde es so schön, dass ich convertible bin.

Futur (futuristisch)

Meine sehr verehrten Damen und Herren! Natürlich wollen wir wissen, wie es weitergeht, aber, bezugnehmend auf Versuche, die Zukunft als solche oder die Zukunft generell zu interpretieren, lassen Sie mich bitte heute über die Zukunft, über die heutige Zukunft einiges ausführen. Bei den bisherigen Ausführungen habe ich ja mit Nachdruck versucht, Sie davor zu warnen, die Zukunft aus der Glaskugel zu entnehmen. Weder ist die Glaskugel dazu geeignet, eine Zukunft vorzubestimmen, die über individuelle Details (meinetwegen das Finden einer Brieftasche in einer öffentlichen Toilette) Auskunft gibt, noch sind Glaskugelinterpreten als seriös im Sinne des Berufsstandes der Seher und Visionäre oder gar Propheten zu nennen. Vorsicht vor Horoskopen – das Wallensteinsche Trauma hat etwas Literarisches, etwas Metaphysisches, was uns sicherlich anzusprechen vermag, aber ich warne vor Prophetinnen, die astrologischen Gesetzmäßigkeiten entsprechen wollen. Der Kaffeesatz ist als Möglichkeit, die Ungewissheit privaten Schicksals zu interpretieren, ziemlich ungeeignet, selbst wenn Sie den Dallmayr Prodomo nehmen. Die Destination eines Staates, einer Gesellschaft, einer Persönlichkeit, das Alpha und Omega eines Individuums werden Sie nicht aus einem Prodomo lesen.

Nun, woraus denn dann, ist Ihre berechtigte Frage, und ich gebe Ihnen zur Antwort: aus der Leber. Die Auguren Assyriens, Babylons, ganz Mesopotamiens erschlossen sich ihre Bilder der Zukunft aus der Leber – sei es Tier, sei es Mensch, die Leber ist das Zentrum, wo göttliche Fügungen eingegeben sind. Die Leber, nicht das Herz, ist der Schlüssel zur Weisheit. Deshalb ist es nur logisch, dass wir, die wir am Ende dieses Jahrtausends stehen, von der Leber frischweg Auskunft haben wollen: Wie schaut's aus? Ich habe hier die statistischen Leberwerte von Abgeordneten einer in Bayern ansässigen staatstragenden Partei zur Auswertung vorgenommen.

Also, was sehen wir da – aha, die Leber gibt verschiedene Zukunftsaussagen über verschiedene Konstellationen. Die Zukunft in Europa – aha, hier an der Leber sehe ich deutlich Spuren eines

Symposiums: viele viele Edelzwicker, aber auch Pastises und so weiter – wir sind in Straßburg.

Ich sehe, es wird dunkel in Europa – pst, stören Sie nicht, es geht leidenschaftlich um eine Sache von großer europäischer Dimension. Die Holländer sind gegen das Kalbsgulasch und wollen eine siebzehnprozentige Gulaschsteuer und eine neue DIN-Norm für Gulasche außerhalb des EG-Raumes – es bildet sich eine Kommission, wobei sich Belgien und Griechenland besonders dagegen sträuben, weil das Tsatsiki in Brüssel die Absolution erfahren hat, und nach der DIN-Norm muss ein griechischer Bauernsalat, nach den Richtlinien der Ausführungsbestimmungen, die in Brüssel provisorisch gelten, wenn England kein Veto einlegt, darf der griechische Bauernsalat keine griechischen Tomaten enthalten, sondern holländische. Die DIN-Norm für die Rundung des Knödels wird sich auch im nächsten Jahrtausend nicht verändern, aber eine Kommission wird gebildet werden, die zwischen Fertigknödeln und elipsenförmigen Gebilden unterscheiden wird, und eine DIN-Norm wird dem Euro-Dumping eine große Zukunft bescheren.

Sehen Sie? Was man aus dieser Leber alles herausbekommt!

Welche Zukunft von was wollen Sie wissen – aha, über unsere Sprache … Moment, befragen wir die Leber. Das ist interessant. Die Stadt Amberg wird umgetauft werden – warum? – Aha, ja weil die Präposition »am« nicht mehr gebraucht werden wird. Man wird nicht mehr am Ort auf den Abort gehen, sondern vor Ort, also Amberg heißt Vorberg. Wenn Sie jemanden beleidigen wollen, dann müssen Sie »mi leckst vor Arsch« sagen.

Aha, da sehe ich was Interessantes. Ein Preiskatalog für menschliches Verhalten. Jeder Mensch wird das Grundrecht auf eine Weihnachtskarte pro Jahr haben.

Freundliches Nicken kostet in Bälde zwischen zwei fünfzig und zwei Mark, während Handschütteln und ein freundliches »Wie geht's?« nicht unter sechs Mark achtzig zu haben sein wird. Der Gruß »Grüß Gott« wird nicht mehr zu hören sein mangels linguistischer Substanz, aber der Preis für ein »'n Tach« bleibt konstant bei einer Mark zwanzig. Das Helfen beim Einsteigen in ein öffentliches Verkehrsmittel wird bei vier Mark liegen und das Aufstehen und Platzfreimachen bei circa vierzehn Mark – überhaupt, die

Preise für Freundlichkeit und Profanmenschlichkeit werden eine steigende Tendenz haben. Na ja, da sieht man, was aus der Leber alles rauszuholen ist.

Was wollen Sie noch wissen?

Zukunft der Kommunikation? Haben wir gleich …

Jeder Bürger hat ein verbürgtes Senderecht, und jeder vierte Bürger hat eine eigene Radiostation. Wenn ein Bürger einen Bieröffner vermisst, kann er sofort über den Sender eine Suchaktion einleiten, im Fernsehen gibt's einen Kanal für Weinen mit Tränen, also, es werden ständig weinende Gesichter gefilmt, aber auch einen Kanal mit Lächeln und Ovationen, einen für Langweiler und Vitalfadiseure. Ein Sender zeigt nur noch Applaus.

Dann hier, schauen wir uns einmal diese Leber an – die Zukunft des Eigentums –, ja, hier sehe ich, warten Sie, ja, Menschen schauen zu, wie gerade Kinder in einem See ertrinken, und zwar, sie haben die Möglichkeit, live darüber im Fernsehen zu berichten, weil sie als Chronisten eine Erlebniszulage bekommen. Kameras am See können das Ertrinken sofort aufnehmen und spielen dies als Spontandokumentation ein, gut. Jetzt wieder zum Eigentum – Teppiche, Bilder, Schmuck, Uhren, alle Wertgegenstände werden nicht mehr real als Möbel oder Gebrauchsgegenstand benutzt, sondern werden als Videofilm vorführbar gemacht. Privatdokumentarismus: Zehn Weihnachten auf eine Stunde zusammengeschnitten als Weihnachtsgeschenk, und man schaut sich Weihnachten an, während man filmt, wie man sich an Weihnachten Weihnachten anschaut.

»Was, Sie wohnen in Grünwald und wollen wissen, wie's ausschaut in der Zukunft?«

Also, befragen wir die Leber … Uiuiui, ich sehe eine Mauer, Stacheldraht, Hundegebell, Wachtürme – das Betreten von Grünwald kostet zwanzig Mark pauschal, aber nur, wenn Sie einen Verwandten dort wohnen haben, der im Monat nicht unter … na ja, der Betrag geht nicht exakt aus der Leber hervor. Jedenfalls Grünwald ist gut geschützt, aber die Bogenhausener, wie ich sehe, wollen auch eine Mauer. Wissen S' was, bei dieser Zukunft, ich trink jetzt einen Schnaps, was dann aus meiner Leber wird – Schwamm drüber. Prost!

Flughafen der Zukunft

Meine sehr verehrten Damen und Herren Exzellenzen, Majestät, liebe Piloten und Pilotinnen, hochverehrte Chefpiloten, Frau Minister Berghofer-Weichner!

Es freut mich, dass Sie heute angeflogen sind. Ich grüße aber auch angesehene Bürger und Bürgerinnen, die heute hier versammelt sind. Als Vertreter der bayerischen Staatsregierung entbinde – äh, entbiete ich Ihnen ein herzliches »take off«, was ja so viel heißt wie »Auf geht's«, und zwar hinauf. Lassen Sie mich aber noch meine Grüße zu Ende grüßen: Wir von der bayerischen Staatsregierung begrüßen die Stewards und aber auch die Stewardessen und die Crews von der Lufthansa, der KLM, der SAS, der Malev, auch den Singapore Airlines ein herzliches »Grüß Gott, liebe Singapore Airlines«. Einen besonderen Gruß vom Herrn Stoiber hiermit auch an die Swissair, der Herr Stoiber entbietet Ihnen ein herzliches »Grüß Gott, liebe Swissair«, machen S' nur so weiter, und fliegen Sie recht viel, der Herr Stoiber düst ja auch viel herum, aber er propellert auch gern.

Ja, und Ihnen, liebe Ceylon Airlines, auch Ihnen – alles, alles, alles Gute, wir werden das Terminal drei vom Franz-Josef-Strauß-Flughafen Ochsensepp-Terminal nennen, was Sie dann auch immer schön anfliegen können.

Von unserem Flughafen bis zum nächsten Flughafen sind es ja jetzt nur noch fünf Minuten – mit dem Flugzeug natürlich; und wir von der bayerischen Staatsregierung begrüßen die ungeheure Mobilität und sehen, dass in der Luft unsere Zukunft liegt. Wir begrüßen die Luft als Träger des Fluggedankens und überreichen heute hiermit die Dezibel, die in Riem bisher so gut aufgehoben waren, mit großer Freude an die Bevölkerung von Erding, Freising, Moosburg-Halbergmoos. Meine Damen und Herren, liebe Flieger. Der Franz-Josef-Strauß-Flughafen bringt uns jetzt eine schöne Strecke weiter. Wir können jetzt am Rhein-Main-Flughafen schon in zwei Stunden vom Erdinger Flughafen aus mit dem Taxi sein, wenn man von Frankfurt aus nach München fliegen will. Wenn man aber von München direkt nach Frankfurt fliegen will, braucht man das nicht mehr zu tun. Der Fluggedanke allein hat immer schon die bayerische Staatsregierung beseelt. Nur wer ständig fliegt, sei es, dass er herfliegt oder wegfliegt, beweist die Sinnlosigkeit des Daheimbleibens.

Der Wert der Fluggesellschaften, einer fliegenden Gesellschaft also, wurde von der bayerischen Staatsregierung immer zum Ziel unserer Gesellschaft erwähnt. Die bayerische Staatsregierung nimmt ja für sich in Anspruch, immer schon ganze Gesellschaften überflogen zu haben. Das herrliche Gefühl, oben zu schweben und unten die Gesellschaften ganz klein zu sehen, wie sie wie Ameisen dahinkrabbeln, das Gefühl kann man nur haben, wenn man in Wolken ist – schwebt. Von unten aus ergibt sich dann für die Gesellschaft das Bild, dass die bayerische Staatsregierung sich wie Fliegen ausnimmt, und das Geräusch dieser Regierung ist wie das Gesumm und Brummen von diesen. Nach einer Statistik sind früher 1,3 Prozent der Menschen für drei Prozent eines Jahres weggeflogen, jetzt werden bald zwölf Prozent für ein Siebtel des Jahres wegfliegen, und in zwanzig Jahren werden siebzig Prozent der Bayern wegfliegen und nur noch zehn Prozent ihres Daseins in Bayern verbringen. Die hohen Mieten in diesem Lande, die ständige Ausweitung der Gewerbegebiete und eine Verstraußung – äh, Verstraßung machen es möglich; jetzt aber lassen Sie mich noch zum Wesentlichen kommen, liebe Fliegerinnen und Flieger, liebe Passagiere und Passagierinnen.

Die bayerische Staatsregierung hat keine Mühen und Kosten gescheut, um dieses Buffet an einem solchen Tag aufzustellen, ein Buffet für zwei Millionen Mark, das schlägt fast alles bisher Dagewesene. Schauen Sie sich doch einmal diese Hummerkrabbenschwänze an, die Gambas oder allein diese Tonnen von Waldorfsalat und Roastbeef, sehen Sie die Wachtelherzen an Basilikum, liebe Frau Berghofer-Weichner, bitte, erheben Sie mit mir das Glas auf unseren Flughafen! Die bayerische Staatsregierung wird jetzt dann für 188 Millionen Mark eine Botschaft in Berlin haben, da wird dann auch ein großes Buffet eröffnet, da fliegen mir dann alle hin und verkünden die Botschaft der bayerischen Staatsregierung. Prosit – Flug heil, heil, heil!

WIRTSCHAFTSSTANDORT
DEUTSCHLAND

Der Standort Deutschland

Ich beurteile unsere wirtschaftliche Situation bei uns mehr aus der Sicht der Gastronomie. Bei uns in Hausen – wir haben einen starken Anteil eines fluktuierenden Publikums, unsere Gäste kommen mit dem Auto – Ausflügler, aber auch Busse, darunter Ausländer – jetzt nicht nur nach Österreich – Italien –, nein, man spürt den Osten – Tschechen – Kroaten – Ungarn – Polen, die nach Rom wollen, und die wollen alle Pommes frites –, also, die Friteuse ist ein Segen, ohne Friteuse wäre heute kein Geld mehr zu verdienen. Aber schauen Sie – die Investitionen, die Sie heute machen müssen, sind –, das ist ein Sachzwang, dem man sich nicht einfach entziehen kann. Es ist noch nicht lange her, da habe ich überlegt, ob ich eine neue Spülmaschine installiere oder eben einen Spüler – einen echten Spüler – nehme, also einen Menschen. Aber beim Arbeitsamt einen Spüler zu engagieren, noch dazu einen Deutschen, das ist, patriotisch gedacht, einwandfrei, aber betriebswirtschaftlich ein Fiasko. Über die Firma secret power habe ich dann den Herrn Napang Prabang ergattert. Am Anfang war ich noch skeptisch, ob sich die Investition gelohnt hat, aber über den Herrn Prabang ist mir die Misere und das ganze Dilemma unserer deutschen Situation klar geworden. Ich habe dem Herrn Prabang anfänglich einen Stundenlohn von 4,30 bezahlt und habe ihm auch gesagt, dass er unmittelbar mit einer Spülmaschine konkurriere, die ich von der Firma Quelle erworben hätte. Und der Herr Prabang war einsichtig – und er hat gesagt, er kenne die exzellenten Produkte dieser Firma. Und ich muss auch zur Ehrenrettung von Herrn Prabang sagen, er hat gearbeitet, ohne auf die Uhr zu schauen, also enorm – eine 70-Stunden-Woche mit zunehmender Tendenz. So, und jetzt zu unserer Realität – immer mehr Wahnsinnige in Brüssel bepflastern uns mit Auflagen im Küchenbereich –, unglaublich, diese Keimfreifanatiker. Sie wissen doch selber – Abwassererhöhung – Müll –, eine Inflation von Gebühren. Also habe ich nicht anders können, als den Kostendruck weiterzugeben, und habe den Posten Herrn Prabang garantiert, aber seinen Stundenlohn von DM 4,30 auf 3,10 absenken müssen. Aber er war sehr verständig. Er sagte auch zu mir, der Mensch muss wie ein Bambusrohr nachgeben, wenn der Wind bläst. Nicht blöd, die Asiaten. Ein Deutscher hängt an der Eiche, und dann bläst's ihn um.

Aber was dieser Waigel da anrichtet, das ist immer schwerer nachzuvollziehen. Überall Schikanen – kennen Sie den Pragraphendschungel, durch den Sie müssen, um dem Gast einen Erdäpfelsalat zu ermöglichen?

Dann dieser Solidaritätszuschlag. Dann Kirchensteuer sowieso. Und auf Drängen des Gewerbeaufsichtsamtes – aber die Drahtzieher sitzen in Brüssel – muss ich das Fett in der Friteuse jetzt noch öfter wechseln. Beim Fleisch hab ich echt nur Okkasionen in meiner Küche gehabt. Tschechische Waren, die dann über Griechenland zum portugiesischen Biofleisch avanciert sind. Aber trotzdem, ich habe leider meine Offerte an den Herrn Prabang zurückziehen müssen, und wir haben einen Mittelweg gefunden. Also der Herr Prabang arbeitet jetzt 80 Stunden, kriegt dafür DM 2,60 und das Trinkwasser ist umsonst. Welcher Deutsche würde da noch mitziehen? Aber mit größter Sorge betrachte ich die weitere Entwicklung. Immer mehr wandern ab, also, der Waigel muss sich da schon noch was einfallen lassen. Und wenn diese Grünen mit den Roten tatsächlich sich auf eine Koalition einigen, dann sehe ich schwarz – Benzinpreiserhöhung. Kein Schwarzgeld mehr – also keine, wie auch immer geartete Promotion, was die Wirtschaft schmiert. Wahrscheinlich würde man mir meine Pommes frites in der jetzigen Form nicht mehr gestatten, und dann wäre ich gezwungen, dem Herrn Prabang einen Stundenlohn anzubieten, der unter einer Mark liegt. Und die D-Mark ist sowieso überbewertet. Aber der Herr Prabang hat mir schon angedeutet, dass er in diesem Fall sich einen neuen Wirtschaftsstandort suchen würde – er tendiert nach Asien. Er sagt, der Gradmesser für wirtschaftlichen Fortschritt bei ihm ist eine Handvoll Reis, und darunter, sagt er, tut er's nicht. Und irgendwie, ich weiß nicht, wie es Ihnen geht, kann ich den Herrn Prabang verstehen.

Die souveräne Persönlichkeit

Mir Deutsche sind eh immer, mir sind doch schließlich souverän: Mir brauchen uns ja net alles gfalln lassen. Mir ham doch auch Wertmaßstäbe hervorgebracht, die sich sehn lassen können. Zum Beispiel Begriffe wie »Spion« an der Haustür, im Französischen »le vasistas!«, »il Leitmotiv« heißt auf Italienisch, ich glaub, »das Leitmotiv«. Das Wort Stempel hat sich in ganz Südosteuropa durchgesetzt, Stempel, zu Schlagbaum sagt der Russe »Schlagbaum«, und unser deutsches Wort Sandwich heißt auf russisch »Butterbrot«. Oder nehmen S' den Humor. Dass er sich europaweit durchsetzt, ist gar keine Frage. Aber es hängt davon ab, ob diese Franzosen diese Raketen mit dem Satelliten endlich rausbringen. Aber wenn es funktioniert, könnens in Europa auch endlich über uns lachen, weil der deutsche Humor dann in allen Sprachen synchronisiert wird. Schaun Sie, ich spreche heute noch weder Französisch noch Englisch, und ich denke auch nicht im Traum daran, einmal Spanisch zu lernen. Und ich besitze eine Dreizimmereigentumswohnung mit Bad / WC, alles tipptopp, direkt an der Costa Brava. Übrigens, die Costa Brava ist in Katalanien, also Gothalanien, des war amal deutsch. Andalusien kommt von Vandalusien, da ham wir auch schon vandalisiert. Man spricht immer von dem Verlust unserer Ostgebiete. Aber von den Südgebieten, die mir aufgeben ham müssen, redet man nicht. Die Lombardei, also Langobardei, war immer deutsch. Südtirol, denken S' an Südtirol, und das Elsass, durch und durch deutsch. Und wenn jetzt dann die Grenze fällt, wem gehört's denn dann wieder? Also dann. Nur in der EG, in einer Gemeinschaft muss man geben und nehmen. Schaun Sie, zum Beispiel die Schlacht von Verdun, die ham mir verlorn, mir Deutsche, aber knapp. Und Stalingrad genauso, und die Schlacht von Trafalgar, wo die Engländer gegen die Spanier gekämpft ham, da ham die Engländer gewonnen. Jetz wenn wir aber Europäer sind, ham mir doch auch an Anteil am Sieg von Trafalgar und durchaus auch a Berechtigung, dass mir so a Nelson-Säule aufstellen. Die Welt wird transparent, schaun Sie, ein besitzender Türke, also der's zu was gebracht hat, dem steht doch heute die Welt offen. Nur ein anderer, ein Krattler, also ein türkischer Underdog, was hilft's dem, wenn er a bissl Deutsch kann? Selbst wenn er's fließend könnte, er bleibt so lange a Türke, bis er halt a Geld hat. Weil der Roland, mein Cousin – kennen Sie an Roland? Mein Gott, der Roland hat immer so gern Geld ausgebn, wie der des ausgebn hat, des war direkt unnachahmlich. Des war einfach schön, dem zuzuschaugn, wie er's ausgibt. Aber irgendwann hams ihn halt dann entmündigt, auf Betreiben von einer Bank, und dann is, glaub ich, noch was dazugekommen, und dann hams ihm die bürgerlichen Ehrenrechte gezwickt. Jetzt braucht er nimmer wählen und hat auch keine Pflichten mehr. Sie müssten an Roland jetzt sehen, wie er dasitzt, braungebrannt, mit einer Virginia, spuit er Musik auf der Zither, trinkt ein Bier nach dem andern, singt und juchzt, und des alles ohne bürgerliche Ehrenrechte. Also, der Roland ist direkt souverän. Der Roland bekennt sich übrigens voll zum Analphabetismus. Überhaupt: 700 Wörter Gesamtwortschatz sind heute keine Utopie mehr. Erst kürzlich fragt mich mein Sohn, was »es törnt mich an« auf englisch heißt. Da hab ich gsagt: »It turns me on«, weil der Engländer statt an on sagt.

Weil des wär halt schön, wenn wir noch viel mehr so Englischwörter übernehmen würden ins Deutsche. Weil dann könnt a Ausländer, wenn er Deutsch lernt, sich in der ganzen Welt verständlich machen. Dann wär er souverän. Aber mit der Bildung und überhaupt … was unsereins an abendländischem Ballast mit rumschleppen muss, an Dings, an Goethe, der andere, der Schiller, und der ganz andere, der … äh … na … solche Leute jedenfalls, was ma da in der Schule jahrelang, was einem die da vorgesetzt ham, die ham sich leicht getan, die ham's hingschrieben und mir solltn's auswendig lernen. Und des is des Gute an der heutigen Zeit. Wir produzieren mehr wie je zuvor, bei de Bücher, Fernsehn, Zeitschriften, aber wir hinterlassen nichts, jedenfalls nichts Erwähnenswertes. Unsere Kinder sollen's amal leichter haben, wenn s' Geschichte lernen, der Karl der Große, okay, der muss sein, aber den … ah … den Honecker oder an Kohl, den brauchens amal nimmer lernen. Des is ja alles a Zeitproblem. Wenn heut einer kei Zeit ghabt hat, dass er a Persönlichkeit wird, dann kann er ja an Kurs machen, bei einem Persönlichkeitsdesigner. Und jeder Visagist macht ihm des entsprechende Gsicht dazu, was er braucht. Und dann hat er a Image, und dann braucht er a Persönlichkeit gar nimmer werden, weil dann is er souverän.

Freiheit

Herr Fasnacht im Smoking.

Irgendwie ist es schon fast traurig, dass solche Ideen ausgestorben sind. So Ideen wie das Christentum oder – ja, sicher, auch der Kommunismus! Aber mei! Als Idee waren sie ja nicht schlecht – dass es den Armen besser gehen soll, und wenn nicht, dass sie dann in den Himmel kommen und die Reichen in die Hölle. – Ist ja verständlich, dass sie früher so Ideen hatten, es ist ihnen ja auch beschissen genug gegangen, und sie haben halt die Hoffnung gehabt, dass sie die Welt verändern können. Ihr Pech war nur, dass sie in der falschen Zeit gelebt haben.

Heute weiß man aber – Gleichmacherei und Sozialschwärmerei, das ist passé. Der einzige Gedanke von früher, der wirklich Bestand hat, das ist die Freiheit!

Nur die Freiheit ist der Garant für einen gewissen Wohlstand. Der Freiheitsraum, das ist der Raum zwischen Angebot und Nachfrage!

Schaun Sie, Rom, Griechenland waren hochwertige Kulturen, von denen kommt ja die Idee der Freiheit – allerdings, ohne niedrige Lohnkosten wäre das alles nicht möglich gewesen. Ohne Sklaven gäb's heute keine Pyramiden.

Nur in der Freiheit behauptet sich der Mensch! Genau wie das Tier! Nur in der Freiheit, da gibt's eine Entwicklung.

Wenn Sie ein Tier einsperren in einen Stall, dann wird's fett, und wenn's fett ist, dann wird's geschlachtet!

Nichts gegen einen Stallhasen, aber Deutschland wird immer mehr so ein … Was will er denn, der Deutsche? Er will raus aus Deutschland! Auf die Kanaris oder an die Costa del Sol, sich dort eine Eigentumswohnung kaufen und würdig – unter Deutschen – ein Leben zu Ende führen.

Aber um sich das leisten zu können, brauchen wir billige Arbeitskräfte! Der Deutsche selbst ist zu teuer geworden, welcher Deutsche kann sich denn heute noch einen Deutschen leisten? Das kann er sich nicht mehr leisten! Wenn er aber im Schwimmingpool pflantschen will wie weiland der Römer, dann sage ich: Herein mit den Hottentotten, rein mit den Albanern, rein mit den Rumänen, das heißt, die vielleicht grad nicht, die faulen Schweine – aber Tschuwaschen, Chinesen …

Ein russischer Professor, der für DM 1,80 die Stunde meinem Kind Lateinnachhilfe gibt, meinen Garten umgräbt und als Chauffeur für mich nüchtern bleibt – ja, was wollen Sie denn noch mehr?!

Die Römer haben Kriege führen müssen, damit sie genügend Sklaven bekommen, und wir, wir kriegens so – einfach umsonst!

Aber wir Deutschen müssen höllisch aufpassen, dass wir die Freiheit nicht verspielen. Alles wird reglementiert! Der Deutsche kugelt in den Schulen umanander, bis er dreißig Jahre alt ist, dann arbeitet er, wenn er Zeit hat, bis er fünfundvierzig ist, dann kriegt er schon seinen Herzinfarkt – so geht's nicht!

Die Asiaten sind da viel freier. Da darf ein Kind schon mit sieben Jahren arbeiten, und zwar vierzehn Stunden, und wenn's will, ohne Urlaub. Das verschafft den Asiaten Vorsprünge, die sind nicht aufzuholen. Aber bei uns – was ist denn da los? In Deutschland geht nichts mehr – nur noch Bürokratie – Staat –, und ein jeder mischt sich überall ein. Vor allem zum Beispiel diese Tierschützer – diese Tierschützer sind ganz wahnsinnig; bei denen ist sogar ein Silberfisch schon ein Haustier. Stellen Sie sich vor, Sie hätten daheim so einen Sklaven – und diese Tierschützer, das ist doch verrückt. Wenn der Sklave jetzt, sagen wir, einmal nicht pariert – und Sie geben ihm einmal einen Fußtritt, dass er spurt, dann haben Sie sofort diese Tierschützer am Hals – obwohl das die einen Dreck angeht –, und außerdem bin ich immer noch der Meinung, ein Sklave ist immer noch ein Mensch – und kein Viech –, das geht diese Tierschützer wirklich einen Scheißdreck an. Kein Wunder, wenn dann die Idee von der Freiheit flöten geht.

Technologische Innovation

Empfangshalle in einem Schloss oder Palais bzw. eine große Kunsthalle.

Bilder, Plastiken und Kunstobjekte sind im Raum verteilt. Dezenter Blumenschmuck. Vernissagepublikum in Grüppchen verteilt. Diskretes Servicepersonal. Ein kaltes Buffet. In der Mitte, durch eine Absperrung vom restlichen Raum getrennt, ein abgedecktes Objekt. Daneben ein Rednerpult, ein Festredner, der gerade eine Ansprache hält. Auf einem Podest ein Knabenchor und ein Streichquartett. Vereinzelte Neuankömmlinge. Eine Empfangsdame, die diese geschmackvoll zu bereits vorhandenen Gästen dazuarrangiert.

FESTREDNER   … die Beherrschung der Technik, meine Damen und Herren, ist ein uralter Menschheitstraum. Und es waren nicht die schlechtesten Köpfe, die – seitdem der Homo sapiens im Banne steht … des Perpetuum mobile. Ein Leonardo da Vinci hat sich selbst zeit seines Lebens nie als Künstler gesehen, sondern als Techniker, meine Damen und Herren, als Ingenieur, als unruhiger Geist, dessen Visionen von seinen Zeitgenossen belächelt wurden – nicht genügend estimiert sozusagen. Kunst und Bewegung oder Bewegung in der Kunst. Fliegen, ein uralter Menschheitstraum. Die Überwindung der Schwerkraft. Dieser atemberaubende Begriff von Leichtigkeit, die in der Natur vorgegebene verblüffende Einfachheit bei unglaublich raffinierter Komplexität. Die überraschende Simplizität der sich abzeichnenden optimalen Lösung führt uns zu dem Begriff, der uns heute an diesem Ort zusammengeführt hat, meine Damen und Herren. Die neue Souveränität. Unser Beitrag – und sicherlich auch ein Manifest für den Aufbruch ins nächste Jahrhundert.
Festredner verbeugt sich. Dünner Applaus. Knabenchor singt Im Frühtau zu Berge.
FESTREDNER   *geht auf einen älteren Herrn zu* Aah, sieh da, mein lieber Konsul. So trifft man sich. Wir waren doch das letzte Mal – hab ich Sie nicht in Windhoek …

KONSUL   Ich glaube, Sie meinen Kapstadt.

FESTREDNER   Ach ja, richtig, in Kapstadt, natürlich, äh, sind Sie noch in Den Haag?

KONSUL   *schüttelt den Kopf* Ankara …

EMPFANGSDAME   *führt eine unscheinbare Person zu einem Small-talk-Grüppchen* Herrschaften, darf ich vorstellen? Professor Maibach, unser neuer Mann in Delhi.

MAIBACH   Ich war aber auch lange in Ägypten.

EMPFANGSDAME   Ach ja, das muss ja sicher interessant gewesen sein. Sie waren ja lange in Ägypten.

MAIBACH   Ich bin dann aber doch nach Delhi.

EIN GAST   Und was spricht man so in Delhi?

MAIBACH   So lala, je nachdem.

Ein anderes Small-talk-Grüppchen.

GAST 1   Ich sage zu Dr. Züstler – da bemühen wir uns im Windkanal um Bruchteile hinterm Komma, das macht sich doch erst bei Tempo zwohundert erst richtig bemerkbar. Was nutzt uns das stromlinienförmigste Auto bei fast Stillstand auf der Autobahn.

GAST 2   Vollkommen Ihrer Meinung. Hier, kosten Sie mal diesen Fruchtsalat, da ist irgendein Gewürz drin.

GAST 1   *nimmt einen Löffel* Ingwer.

EMPFANGSDAME   Darf ich vorstellen? Das ist Professor Schlauch. Prof. Schlauch geht gerade nach Brasilien.

GAST 1   Ah, Brasilien …

SCHLAUCH   Ich hätte schon voriges Jahr nach Brasilien gehen sollen.

GAST 2   Jaja, Brasilien, überhaupt Südamerika.

EMPFANGSDAME   Da haben Sie vollkommen recht, ich darf die Herrschaften einstweilen … *Sie geht wieder.*

EMPFANGSDAME   Meine Damen und Herren, bevor wir nun zum offiziellen Teil unseres kleinen Beisammenseins kommen, bleibt mir nur noch das Vergnügen, den Gesamtleiter unseres Projektes, Herrn Professor Dr. Langärmel, vorzustellen.

FESTREDNER   *schüttelt Langärmel die Hand* Im Namen des
Vorstands und der Direktion meinen Dank für Ihren innova-
tiven, visionären Einsatz an unserem Projekt, für Ihren uner-
schütterlichen Glauben an die Machbarkeit von Zukunft.

Dünner Applaus. Die Empfangschefin reicht Herrn Langärmel
eine Urkunde. Discomusikeinsatz. Vier Ballettmiezen hoppeln in
den abgesperrten Bereich, und nach ein paar Tanzschritten haben
sie sich an den vier Ecken des Objektes postiert. Sie heben nun
langsam, feierlich zu einem bombastischen Wagner-Ouvertüren-
Motiv das Abdecktuch und entfernen sich. Hinter dem Tuch wird
ein neuer 12-Zylinder-Motor sichtbar. Der Festredner schreitet zu
einem Marmorsockel, die Empfangsdame reicht auf einem Samt-
kissen einen goldenen Schlüssel. Gleichzeit schwebt hinter dem
Motor ein Transparent hoch mit der Aufschrift d i e   n e u e   s o u -
v e r ä n i t ä t. Der Festredner steckt den Schlüssel in den Sockel.

FESTREDNER   Meine Damen und Herren. Mit der Fertigstel-
lung dieses Zwölf-Zylinder-Aggregates hat ein neues Zeitalter
begonnen.

Der Festredner dreht einen Zündschlüssel, der Motor läuft. Alle
lauschen einen Augenblick gespannt dem Motorgeräusch des
12-Zylinders. Die Empfangsdame animiert zu einem Applaus.
Allgemeiner Applaus. Einsatz Streichquartett.

Patientenvermietung

DR. HIRL   *schaut in die Akte, nicht auf den Patienten* Na bitte …
äh … Sie sind der Herr …

RÖSNER   Rösner.

DR. HIRL   Der Herr Rösner …

RÖSNER   Ja, Rösner – Manfred.

DR. HIRL   Sie waren noch nie bei uns?

RÖSNER   Nein, leider …

DR. HIRL   Ich seh schon, Herr Rösner, Sie sind beruflich …

RÖSNER   Versicherungskaufmann, aber zur Zeit, äh, ohne …

DR. HIRL   Sie haben Ihre Mandeln noch?

RÖSNER   Ja, ich glaube schon.

DR. HIRL   Wir werden gründlich an die Sache herangehen,
Herr Rösner. Wir werden Sie amal röntgen. Bitte gehen S' auf
Zimmer zwei oder drei, das Fräulein Matusek wird sich um
Sie kümmern, gell.

RÖSNER   Ja, aber …

DR. HIRL   Und dann kommen S' noch amal. *Rösner ab. Hirl
telefoniert.* Bitte, den Doktor Fragiadakis. – Ja schön, hier
Hirl – Herr Kollege, ich hab da was für Sie – ja – kann sicher –
nein, nehmen S' ihm die Mandeln – und die Polypen – gell –
ach so, freilich, sofort – soo, Sie fahren in die Karibik? – Ja
sicher – ich will auch mal ein bisschen weg – Neuseeland mit
meinen – ja genau – und danke für die Vermittlung von dem
Abszess – ja – gerne – ich nehm den Abszess und – wir ver-
rechnen das später – gell, als Dank – viel Spaß in die Karibik.
Hirl wählt noch mal. Den Doktor Täuschl bitte – ja – ah ja –,
grüß Sie, Herr Kollege – gratuliere – ja, ich hab einen Blinddarm für Sie, und vielleicht können S' sonst noch a bissl was
machen – aber ich brauch ihn wieder, gell – weil da sind ein
Haufen Syndrome – ja, ich weiß, der Dr. Butz – diese Urologen sind wirklich nervend – ich schick ihm sowieso ständig
Leute – aber ich sag immer – bitte bringts mir die Leute nicht
um – ich will ja auch noch a bissl – genau – ach, Sie fahren
auch in die Karibik, so? – Ja weil der Fragiadakis auch – also

Sie kriegen jetzt den Blinddarm, und dann schaun wir noch, gell – vielleicht orthopädisch ist auch noch was drin –, also, ich will selbst auch noch – also, Herr Kollege, viel Spaß in der Karibik – danke …

Rösner tritt ein.

Rösner – Sie sind der Herr Rösner. Also, ich hab schon einmal einen vorläufigen Befund. Der Dr. Täuschl selbst wird Ihnen den Blinddarm entnehmen. Wir müssten nur koordinieren – Mandeln, Blinddarm und dann müssen S', wenn S' die draußen haben, dringend noch mal kommen …

RÖSNER   Na, aber ich hab eigentlich gar keine Beschwerden …

DR. HIRL   Genau, und deshalb müssen wir vorbeugen. Also, einstweilen … Die Adressen der jeweiligen Ärzte kriegen S' draußen. Auf Wiederschaun.

RÖSNER   Auf Wiedersehen.

DR. HIRL   Ja, und das Gutachten, gell …

RÖSNER   Danke.

DR. HIRL   *telefoniert* Fräulein Weizen, hat den Professor Semniod angerufen – nicht –, bitte sagen S' ihm – ich hab ihm den Patient – den Herrn Mahlke, glaub ich – ja, Mahlke – den hab ich ihm nicht geschenkt, sondern – genau –, und rufen S' den Täuschl noch amal an, und sagen S' ihm, mein Rösner ist auch gut für – a Galle oder Blase zusätzlich, aber – bitte zurück – keine Einbahnstraße.

RÖSNER   Grüß Gott …

DR. HIRL   Grüß Sie, Herr Rösner – na, jetzt sind wir aber um einiges erleichtert worden. Und, wie geht's?

RÖSNER   Na, nicht schlecht, eigentlich, aber ich hab … äh … keine Beschwerden.

DR. HIRL   Herr Rösner, meistens sind die Zähne ursächlich für viele Symptome. Ich habe Ihren Bericht genau studiert. Der Zahnarzt Dr. Seif ist da Ihr Mann. *Telefoniert* Ja, bitte Fräulein Matusek, tun S' den Herrn Rösner gleich amal mit der Praxis Dr. Seif verbinden.

Zu Rösner Gell, also, Herr Rösner, und kommen S' wieder, weil mir wollen doch, dass Sie wieder auf Vordermann gebracht werden – also dann, Wiedersehen …

RÖSNER   Wiederschaun. Aber … ich hab eigentlich gar keine …

DR. HIRL   Der Dr. Seif ist ein hervorragender Mann, Herr Rösner, der hat auch in Amerika studiert, also … *Telefoniert* Ah –
Herr Dr. Seif – Hirl, ja –, schön, Herr Kollege – ja, ich Sie
auch, gell –, ja, der Herr Rösner, der jetzt kommt, ist von
mir – na ja, zehn Prozent, das geht in Ordnung –, ja, ich fahr
jetzt dann auch ein bisschen weg, vielleicht amal was anderes – in die Karibik –, schön, und Sie schicken ihn dann zurück, gell – sicher, ich sag auch immer, zuerst auf den Zahn
fühlen, und dann –, ach, diese Urologen – danke – Wieder-
hören … *Telefoniert* Fräulein Matusek, wann wird denn in der
neuen Klinik Dr. Ringkaff wieder was frei – sagen S', sie sollen
sich drauf einstellen – ja, der Rösner –, aber vorher, das heißt
nachher, möchte ich ihn noch mal haben, und dann, ja dann
in Urlaub, dann bin ich in der Karibik.

Future Realities

Personen: Herr Pospich, Kreateur und Folterknecht; Frau Balsam, Investorin; Geistlicher Rat Dr. Münz, Projektseelsorger und Inquisitor; Fräulein Pöschl, Sekretärin; Dr. Licht, Art Director; Herr oder Frau Humboldt.

Wir befinden uns in einem modernen Projektbüro. Man sieht das Modell einer Retortenstadt. Pospich telefoniert und isst dabei die Verpackung eines Fast-Food-Menüs. Das Menü selbst entsorgt er in einem Müllsack bzw. Papierkorb neben seinem Schreibtisch. Fräulein Pöschl bewundert ihren Chef.

POSPICH   Jaja, bitte, Dr. Münz! – Ach so, der Geistliche Rat ist nicht anwesend! Erteilt gerade eine Absolution. – Aha! – Ja dann! – Kann man nichts machen! Ich ruf später wieder an.

pöschl   *klopft an* Entschuldigen Sie, Herr Pospich, ein Anruf für Sie. *Legt einen Zettel auf den Schreibtisch.*

POSPICH   Ja und?

PÖSCHL   Der Herr Geistliche Rat hat Verspätung, weil er muss noch eine Absolution erteilen.

POSPICH   *isst immer noch an seiner Verpackung* Das weiß ich! Hat er gesagt, wem?

PÖSCHL   Ja, dem Betreiber von dem Kernkraftding da in Garching. *Hinter ihr taucht Frau Balsam auf.*

BALSAM   Sagen Sie, bin ich hier …

POSPICH   *springt auf, kaut* Sie sind! Sie sind! Genau!

BALSAM   Genau. Hallo!

POSPICH   Frau Balsam, wenn ich nicht irre. *Schluckt den Rest der Verpackung hastig nunter.*

BALSAM   Essen Sie ruhig fertig.

POSPICH   Nein, nein, ich hab schon. Schön, Frau Balsam, dass Sie gleich persönlich kommen. Nun zu unserem Projekt. Die Nachfrage ist bereits enorm.

BALSAM   Wirklich? Ich wollte eben deshalb – weil das klingt im Prospekt ja alles verheißungsvoll, und deshalb …

POSPICH   Super, Frau Balsam. Ich sage Ihnen, ein Filetstück nach dem anderen. Ein reines Delikatessenpotpourri, das muss man sich …

BALSAM   … weil, wenn ich schon investiere, dann möcht ich auch …

POSPICH   An welche Summe dachten Sie in etwa, gnädige Frau?

BALSAM   Na ja …

POSPICH   Richtig, Frau Balsam. Schaun Sie sich das Ganze erst einmal an, aber glauben Sie mir, Idee, Konzept, Planung, Ausführung, das Ganze hat eine *Dimension*, das ist solitär in Deutschland – in Europa!

BALSAM   Also, dann lüften Sie schon Ihren Schleier. Halten Sie mich nicht hin. Es gibt schließlich noch andere Projekte.

POSPICH   Nein, Frau Balsam, dieses ist einmalig auf der Welt. Das werden Sie sich nicht entgehen lassen. *Holt die Planungsunterlagen.* Übrigens, Sie können schon eine Planung lesen?

BALSAM   Werden Sie nicht anzüglich!

POSPICH   Nein, nein, so mein ich's nicht … Das ist ja super! Also, hier, das ist quasi die topographische Vita. Außenbereich. Alles, wie gesagt, im Außenbereich. Ein Teil sogar direkt Naturschutzgebiet.

BALSAM   *schwärmt* Wie schön!

POSPICH   Grüne Wiese – mitten in der Prärie – Feld – Wald – Fuchs …

BALSAM   … und Hase, gell? Haha!

POSPICH   Ja, genau, hahaha, Hase, sehr gut. Haha. Hatte Ihr Mann vielleicht eine Jagd?

BALSAM   Mein Mann hatte eine chemische Großreinigungskette.

POSPICH   Ach deshalb. Haha. Zur Sache, Frau Balsam: Hier die Fotos. Schauen Sie. Ist das nicht ein Garten Eden? Und hier hinein kriegen wir, das ist gesichert, einen separaten Autobahnzubringer. Er mündet hier, Sie sehen es, in ein unterirdisches Parkland, wir nennen es Parking Parkland.

BALSAM   Interessant.

POSPICH   Ja, gigantisch. Hier sehen Sie es im Querschnitt – alles unter der Erde – und … *Das Telefon läutet.* Moment

amal, Frau Balsam. *Nimmt den Hörer ab.* Ja, genau, den Geistlichen Rat Dr. Münz, bitte. – Wie? Wo ist er? – Aha! Weiht
noch eine Kläranlage ein. – Gut. – Danke. – Bitte. – Danke. –
Bitte … Also, wo waren wir stehen geblieben?

BALSAM   Dieses Parkland …

POSPICH   Ja, das Parking Parkland. *Telefon piepst.* Entschuldigen Sie, Frau Balsam. Die sind lästig. Ich werde das gleich abstellen.

BALSAM   Nicht so schlimm.

POSPICH   *am Telefon* Ja, sicher, der Geistliche Rat hat mir zuge-
sagt. – Ich weiß – er weiht noch eine Klärgrube … Was? Wel-
chen Autobahnabschnitt? – Ach so, den auch. Gut, aber dann
kommt er. Ich warte auf alle Fälle. *Hängt ein.* Frau Balsam,
also noch amal. Wir sind beim Parking Parkland. Das müssen
Sie sich imaginieren, das alles ist unter der Erde, grottenartig.
Das sind die Schleusen, die uns gleich direkt in die Shopping
World …

BALSAM   Wie? Muss man hier durch das ganze Kaufhaus durch?
Und was ist mit dem Gepäck?

POSPICH   Damit haben Sie hier nichts mehr zu tun, weil …

Pöschl kommt.

PÖSCHL   Entschuldigen Sie, Herr Pospich. *Legt einen Zettel vor
Pospich.*

POSPICH   Was ist denn schon wieder?

PÖSCHL   Eine Nachricht für Sie.

POSPICH   Und?

PÖSCHL   Der Geistliche Rat, Dr. Münz, verspätet sich. Er muss
noch einen Autobahnabschnitt einweihen.

POSPICH   Das weiß ich doch schon!

PÖSCHL   Ja dann, also, Entschuldigung.

BALSAM   Das ist ja dann wie bei den Autobahntankstellen, man
muss, bevor man zahlt, erst einmal an dem ganzen Zeug vorbei.

POSPICH   Sicher, nur in unserem Fall gleich an einem ganzen
Kaufhaus. Man kann sich aber auch gleich in eine Gondel
setzen und schwebt praktisch über die Shopping Meadow.

Frau Balsam schaut ratlos. Ja, obwohl man noch unter der Erde ist, hat man das Gefühl, dass man sich in der freien Natur befindet. Und überall unaufdringlich liegen die Produkte. Hinter einem Busch meinetwegen die Dessous. In einer Birkenallee vielleicht die Sportartikel …

BALSAM   *lacht* Das ist ja wie beim Ostereiersuchen!

Telefon läutet.

POSPICH   *hebt ab* Muss das sein. Ich hab doch die Frau Balsam … Was? – Aha! – Der Geistliche Rat … segnet noch einen neuen Acht-Zylinder. Was? – Macht auch noch eine Probefahrt und kommt dann? – Aber wirklich, ich erwarte ihn dringend!

BALSAM   Und die gekauften Sachen? Wo tut man die hin?

POSPICH   Mit denen hat man gar nichts zu tun. Die werden direkt aufs Hotelzimmer geschickt. Es sind übrigens in der ersten Phase Zwei- bis Fünf-Sterne-Häuser geplant und dann noch mal zwei. Hier, hier und hier.

Pöschl kommt leise und legt wieder einen Zettel auf den Schreibtisch von Pospich.

PÖSCHL   Entschuldigung.

POSPICH   Was ist denn schon wieder?

PÖSCHL   Eine Info.

POSPICH   Und?

PÖSCHL   Der Geistliche Rat. Er segnet noch einen Acht-Zylinder.

POSPICH   Ja Herrschaft, das weiß ich doch schon! Stehn Sie auf der Leitung?

PÖSCHL   Entschuldigung.

BALSAM   Was ist denn das hier? Sieht ja aus wie ein See …

POSPICH   Ist es auch, Frau Balsam. Ohne See wäre das Projekt auch etwas seenlos. Eine kleine Bootsfahrt zur Entspannung, und a bissl Restauration muss ja auch sein. Über uns, Frau Balsam, befindet sich jetzt übrigens das Utility Center. Post, Verwaltung, Energy. Diese Gebäude werden funktionsoptimiert zugeordnet, um ein Systemverständnis beim Besucher zu suggerieren. Verglaste Seitenflächen integrieren die Natur in die Gebäudestruktur …

BALSAM   Imponierend!

POSPICH   Eine reine ästhetische Symphonie, Frau Balsam, ensembleweise zum Potpourri visualisiert. Bitte, entschuldigen Sie. Ich muss schnell noch amal. *Greift zum Telefon.* Hier – *deutet* – kann man übrigens Kinder, sofern man welche hat, ablegen. Ein Children Overtake! Alles geschulte Leute, damit man wirklich ungestört … Bitte, verbinden Sie mich mit dem Office vom Geistlichen Rat. – Dr. Münz, ja. – Ja was? Die haben bereits … Wo ist er? Jetzt reicht's mir langsam! – Was heißt, er muss noch eine Ehe schließen? – Was heißt da wichtig! Zwischen wem? – Einer Holding und dem Freistaat? Ha – ich hab die ganze Zeit geglaubt, die sind schon … hahahaha. Rufen S' derweil noch einmal beim Vatikan an. Und einen Kaffee für die Frau Balsam. Frau Balsam, einen Kaffee?

BALSAM   Nein, danke. Nicht um diese Tageszeit.

POSPICH   Keinen Kaffee für die Frau Balsam. *Hängt auf.* Wissen Sie, ich warte nämlich schon wie auf Kohlen auf unseren Projektseelsorger, und der macht's spannend.

Fräulein Pöschl kommt, legt wieder einen Zettel vor Pospich.

PÖSCHL   Entschuldigung, Herr Pospich.

POSPICH   Und? Was ist jetzt schon wieder?

PÖSCHL   Eine Nachricht, Herr Pospich.

POSPICH   Und?

PÖSCHL   Moment, Herr Pospich, ich hab's aufgeschrieben … Der Herr Dr. Münz. Er verspätet sich. Weil er muss erst noch eine Ehe schließen. Da steht's. Eine Frau Holding und der Freistaat …

POSPICH   Raus! *Zu Frau Balsam* Ist das nicht unerträglich?

BALSAM   Ich glaub's Ihnen. Was mich jetzt interessieren würde: Wie groß ist denn der Gesamtfinanzbedarf? Was kostet's?

POSPICH   Sie meinen tutto?

BALSAM   Ja, in etwa – tutto.

POSPICH   Also, ich sag jetzt amal – aber ich sag das nur, damit eine generelle Profillinie sichtbar wird –, also ich spreche nicht von reinen Realkosten, das werden Sie verstehen, unser Preisdesign liegt bei zwei Komma fünf Milliarden.

BALSAM   Uiuiuiuiui!

POSPICH   Gut, Frau Balsam, aber wo hat's das schon einmal gegeben? Eine Stadt, eine ganze Stadt im Paket, erdacht, erbaut, heutig und doch traditionell mit allen Annehmlichkeiten – eine Stadt wie ein Hotel! Schauen Sie, Frau Balsam, kennen Sie Altötting?

BALSAM   Nur vom Namen. Das ist ein …

POSPICH   Lourdes?

BALSAM   Nein, nicht persönlich …

POSPICH   Tschenstochau, Fatima, Santiago di Compostela. Alles Wallfahrtsorte …

BALSAM   Genau, wollt ich doch sagen …

POSPICH   *enthusiasmiert* … prosperierende alte Wallfahrtsorte! Irgendwann einmal kam das Wunder, dann kam die Kapelle, dann kam das Wirtshaus, dann die Herberge, dann der Devotionalienhandel – Pilger! Myriaden von Wallfahrten, nicht saisonabhängig – ein Ding nach dem anderen. Und wir, verstehen Sie jetzt, Frau Balsam, und wenn Sie gestatten, meine Wenigkeit hatte die Idee, wir bauen einen Wallfahrtsort heute, für die heutige Zeit, nach modernsten Gesichtspunkten – hier ist er! Wir bestimmen die gesamte Urbanität antizipatorisch, wir dirigieren und kanalisieren die Pilgerströme, und, Frau Balsam – wir überlassen das nicht der Zufälligkeit der Entwicklung irgendwelcher Jahrhunderte! Warum sollen moderne Wallfahrer von heute nicht Tennis spielen? Hier sind achtzehn Löcher. Frau Balsam, wir bauen kein Disneyland – das hier ist die Antwort unseres Jahrhunderts auf Fatima und Altötting! Schauen Sie! Hier kommt die Kapelle hin, und gleich da, daneben, wird die heilige Quelle gebohrt, gleich anschließend eine Pipeline zur eigenen Flaschenabfüllerei. Jetzt sagen Sie, Frau Balsam, sind da nicht Ertragsmöglichkeiten?

BALSAM   Unfassbar, enorm! Aber, wo ist das Wunder?

POSPICH   Das Wunder! Ja, ein Wunder ist immer etwas Wunderbares, aber das Wunder kommt später. Zuerst brauchen wir amal eine Marienerscheinung.

BALSAM   Marienerscheinung?

POSPICH   Ja, eine Marienerscheinung. Notariell beglaubigt und kirchlicherseits hieb- und stichfest. Sie sehen doch, da, wo die Kapelle ist?

BALSAM   Da bei dem Strommast?

POSPICH   Genau. Da haben wir die Erscheinung!

BALSAM   Moment mal, Moment, Herr Pospich, Sie wollen doch nicht sagen, Sie haben die Marienerscheinung noch nicht, bauen aber bereits einen Wallfahrtsort?

POSPICH   Um Gottes willen, nein, Frau Balsam, natürlich haben wir die, die gesamte Erscheinung ist bereits fertig konzipiert, Ort, Zeit, Umfang, alles ist festgelegt, wir haben bereits ein Video anfertigen lassen. Die Firma in Hongkong, eine der ganz Großen im internationalen Devotionaliengeschäft, hat das alles schon vorfinanziert. Wir sind gerade dabei, einen geeigneten Erscheinungsträger zu benennen … und wir haben uns für ein Kind entschieden. Weil ein Kind …

Fräulein Pöschl kommt leise herein.

PÖSCHL   Entschuldigen Sie, Herr Pospich, aber …

POSPICH   Gehen Sie mir nicht auf die Nerven! Ich weiß, der Geistliche Rat Dr. Münz propellert wie ein Idiot durch die Gegend und verspätet sich.

PÖSCHL   Nein, Herr Pospich, er ist da!

Münz tritt ein. Er macht einen abgehetzten, deprimierten Eindruck.

POSPICH   Wie schön, Dr. Münz, endlich! *Stellt ihn Frau Balsam vor.* Unser Geistlicher Rat und Projektseelsorger, Dr. Münz – Frau Balsam, eine Investorin.

BALSAM   Freut mich sehr.

POSPICH   Sie sehen, Frau Balsam, die Dinge entwickeln sich.

BALSAM   Wie erfreulich. – Sie, Herr Pospich, wenn ich recht verstehe, dann ist dies hier also ein kirchliches Projekt?

Münz macht eine abwehrende Handbewegung.

POSPICH Selbstverständlich, Frau Balsam ... auch.

BALSAM Sagen Sie, Herr Pospich, könnt ich die Erscheinung vielleicht einmal ansehen?

POSPICH Ja, natürlich, hier ist die Kassette. Ein Buch mit der Beschreibung der Erscheinung ist ebenfalls in Arbeit.

BALSAM Danke. Wissen Sie, Herr Pospich, mein Mann hat immer gesagt, Hilde, investiere immer in kirchliche Objekte, da kannst du nichts falsch machen. Die Firma floriert schon seit zweitausend Jahren!

POSPICH Ja, hahaha, da ist was dran. Also, auf Wiedersehen, Frau Balsam, ich kontaktiere Sie dann.

BALSAM In Ordnung, auf Wiedersehen, die Herren.

POSPICH Herr Dr. Münz, endlich. Nehmen Sie Platz! Darf ich gleich fragen: Haben Sie das Kind?

MÜNZ Tut mir leid, mein Lieber.

POSPICH Wieso, aber Sie wollten doch heute?

MÜNZ Ja, wollt ich, wollt ich! Zuerst wollen wir doch einmal rekapitulieren, ja?

POSPICH Ja.

MÜNZ Sie erstellen einen Wallfahrtsort.

POSPICH Ja.

MÜNZ Wir erbringen die Software.

POSPICH Sicher – so steht's doch in den Verträgen.

MÜNZ Der Ort entsteht auf freiem Gelände?

POSPICH Wo sonst? Das ist es ja. Darum brauchen wir die Marienerscheinung. Sonst hätten wir doch nicht die geringste Chance auf eine Baugenehmigung. Sie wissen doch selber: Naturschutzbehörde, Wasserschutzamt, Energieversorgungsunternehmen, Verkehrsministerium, Flurbereinigung, Luftfahrtbehörde, regionaler Planungsverband, Schlösser- und Seenverwaltung ...

MÜNZ Hören Sie nur wieder auf.

POSPICH Aber es ist doch so! Nur mit einer Marienerscheinung nehmen wir diesen Hürdenlauf. Das ist unsere einzige Chance, und so ist es auch mit Ihrer Firma besprochen. Dem Vatikan wird man ein solches Bauvorhaben nicht verweigern.

MÜNZ   Ihr Vertrauen in Ehren. Sie haben ein Video erstellen lassen?

POSPICH   Das ist Teil unserer Promotion. Hier – wolln Sie's sehen? Toll!

Gibt ihm das Videoband mit einem kitschigen Cover: Maria mit Kind über einem Strommast.

Die Kosten haben sich voll gelohnt.

MÜNZ   Sind Sie wahnsinnig, Mann? Eine Erscheinung kann man doch nicht visualisieren!

POSPICH   Warum denn nicht?

MÜNZ   Eine Erscheinung ist ein Mysterium! Verstehen Sie das? Wissen Sie, was das ist?!

POSPICH   Hm … ja, ein Rätsel halt.

MÜNZ   Ja, ein Rätsel, Sie Naivling. Ich kann doch nicht dem Heiligen Offizium in Rom ein Video vorlegen und sagen: Schaut euch einmal die Marienerscheinung der Firma Pospich Future Realities an. Eine Marienerscheinung ist ein Geheimnis, Mensch! Ein heiliges Geheimnis!

POSPICH   Aber das Video ist doch nur für Leute, die das Projekt schon kennen.

MÜNZ   *schaut sich voller Abscheu das Cover an, hält es näher an die Augen* Ja, und was soll denn das? Das Jesuskind hat ja einen Tennisball in der Hand!

POSPICH   Ja, aber es ist kein Label drauf. Wir haben extra auf ein Label verzichtet.

MÜNZ   Sie müssen wahnsinnig sein!

POSPICH   Regen Sie sich doch nicht so auf, Herr Dr. Münz. Sie sind überarbeitet. Das können wir doch alles in Ruhe besprechen. – Zurück zum Kind. Haben Sie's?

MÜNZ   Nein. Die sind alle frech und medienversaut.

POSPICH   Ach!

MÜNZ   Ich habe alle unsere Waisenhäuser durchgekämmt. Heut war ich so nah dran wie nie.

POSPICH   Na sehen Sie.

MÜNZ   Was, glauben Sie, sagt dieser Rotzlöffel zu mir?

POSPICH   Und?

MÜNZ   Er will wissen, mit wie viel Prozent er am Erfolg beteiligt ist.

POSPICH   Ja, dann beteiligen Sie ihn halt, um Gottes willen.

MÜNZ   Und von welchem Prozentsatz bitte? Von meinem vielleicht? Außerdem brauchen wir ein unschuldiges Kind, Herr Pospich, wenn Sie verstehen. Nur ein unschuldiges Kind ist glaubwürdig. Denken Sie doch an des Kaisers neue Kleider. Dem Kind hat man geglaubt, weil es unschuldig war. Die Kinder, mit denen ich's bis jetzt zu tun hatte, kann ich doch vor keine Kongregation bringen. Ein Kind, das eine Erscheinung hat, muss klar und unbeirrbar sein und nicht fragen: »Was krieg ich für meine Erscheinung?«

POSPICH   Ja Kruzitürken, es wird doch wohl noch irgendwo ein altmodisches Kind … also, wo noch an was glaubt …

MÜNZ   Wie wär's mit einem aus Südamerika?

POSPICH   Schmarrn. Das Kind muss deutsch sein. Denken Sie doch an die Investoren. Und überhaupt, Herr Dr. Münz, vielleicht sind Sie nur besonders unfähig. Ihr Konzern hat doch in seiner Geschichte schon höchst beachtliche Projekte mit Kindern erfolgreich durchgeführt. Denken Sie an die Kinderkreuzzüge.

MÜNZ   Sie reden sich leicht. Damals haben wir ja auch ganz andere Einflussmöglichkeiten gehabt. Das waren noch Zeiten!

Die Szene verändert sich langsam.
Gregorianische Chöre setzen ein. Münz geht weg und fängt an, sich als Inquisitor umzuziehen.

Kommen Sie, Herr Pospich.

POSPICH   Halt, wo gehen Sie denn hin?

MÜNZ   Dahin, wo noch kein Fernsehen die kindliche Unschuld versaut hat! *Zerrt an Pospich.*

POSPICH   Aber unser Projekt! Die Dividenden!

MÜNZ   Dahin, wo es noch Mysterien gibt. Ins fünfzehnte, nein, besser, ins vierzehnte Jahrhundert.

Pospich wehrt sich gegen das Weggezogenwerden. Zieht sich aber auch allmählich als Folterknecht um, jammert noch.

POSPICH   Aber unser Jahrhundert ist doch auch nicht schlecht!

Die Szene hat sich total verändert. Ein Käfig wird hereingefahren. Musik wie gehabt, lateinisches Gemurmel setzt ein.

INQUISITOR   Lass das Kindlein zu mir kommen! Tortor officium exple – Folterknecht, walte deines Amtes.

Man hört Zischen und Brutzeln, Schreie. Es stinkt nach verbranntem Fleisch.

> confidere aliquid vidisse
> omnia quae vides sciamus
> omnia quae scimus videas
> dic quae vides
> eaque nos aperimus
> et oculis subicimus

Szene bricht abrupt ab. Gleißendes Licht, Popmusik. Wir sind in einer total gestylten Werbeagentur.

ART DIRECTOR   Stopp! Halt! Bitte! *Er geht und holt sich aus dem Käfig ein Stück verschmortes Fleisch.* Passt auf, diese Performance haben wir jetzt mitgeschnitten. Die ist im Kasten. Aber ich drücke jetzt einmal bewusst meinen persönlichen Geschmack aus – mir ist das Ganze zu ungustiös, irgendwie …

POSPICH   *zu Münz* Sicher ist es drastisch. Aber die Leute sind heute Bilder gewöhnt!

ART DIRECTOR   D'accord – aber wenn wir ein Stück Fleisch so hinhalten und sagen, das ist ein Stück von einem Kind, dann kann natürlich unser Auftraggeber sagen: Leute, was ihr hier macht, ist Kunst – okay! Und unser Produkt? Das sind Tennisbälle! Und ich sehe verdammt nicht ein, dass eure Philosophie irgendwie in unser Konzept passt – außer dem gelungenen Schock bleibt keine Assoziation mit dem Produkt!

MÜNZ   Die Kinder selber sind doch gar nicht so zimperlich. Die Kinder, das weiß man, sind grausam – also haben sie auch ihren Spaß. Ich sage nur noch Grimms Märchen. Also …

POSPICH   Also, mein Sohn darf sich jederzeit einmal einen Horrorfilm anschauen, ich finde, der verarbeitet das schon, nur wir scheißen hier so rum. *Pöschl und Balsam kommen mit einer Flasche Sekt und versuchen albern, diese aufzumachen.*

ART DIRECTOR   Warum versteht ihr das nicht? Das Kind im Kind? The child in the child? Ich möchte wissen, was man aus dem »Kind« herausholen kann. Da ist doch was drin. Childhood – Child – Song?! Das Kind im Kind!

Es fliegt ein Papierflieger auf die Bühne. Der Art Director ergreift ihn und liest die Botschaft.

Wichelwachel, schnorchgazong?

Es entsteht Ratlosigkeit. Ein Mann stürmt in den Raum – hält ein Autoteil in der Hand oder zerbrochenen Spielzeugtraktor, zerquetschtes Kinderdreirad o. ä.

MANN   So, jetzt möcht ich's wissen. *Zum Art Director* Gehört Ihnen das Kind da draußen?

ART DIRECTOR   Nnnein – nnnein …

MANN   *zu allen auf der Bühne* Ich will wissen, ob Ihnen das Kind da draußen gehört!

ALLE   Nein!

MANN   Das eine sage ich Ihnen: Wenn das da draußen Ihr Kind ist, dann gnade Ihnen Gott.

FORDERUNG
UND FÖRDERUNG
DES FÖDERALISMUS

Attacke auf Geistesmensch

Haben Sie das gelesen in der Zeitung, wo der Schmierfink das hineingeschrieben hat? Schreibt so einen Blödsinn – von wegen ATTACKE AUF GEIS-TESMENSCH, also Schlagzeile und so. Das ist doch eine Schweinerei, was sich dieser Zeitungsschmierer da erlaubt, alles erstunken und erlogen. Weil das Ganze war vollkommen anders, und ich kann es ja bezeugen, weil ich war ja dabei. Als Kron …, Dings, … zeuge. Aber die Leute glauben halt immer das, was in der Zeitung steht. Früher hättens solche Lügner vergast. Aber heute könnens schreiben, was s' wollen. Also der Hergang war in Wirklichkeit so: Wir ham beschlossen, dass wir einmal wieder aufs Oktoberfest gehen. Und ham gsagt, wir gehen auf die Wiesn, nehmen wir aber keine Frauen mit, weil wir wolln eine Gaudi haben. Pünktlich um fünf Uhr haben wir uns dann am Haupteingang getroffen, und dann hat der Adi gsagt, also jetzt, bevor wir anfangen, legen wir uns erst einmal einen auf. Und dann ham wir ein bisserl Feuerwasser zu uns genomma. Da hat dann der Adi gsagt, na ja, jetzt sind wir auf dem Oktoberfest, und weil wir da sind, fahrn wir gleich einmal mit der Geisterbahn. Wir ham dann gsagt, Adi, Mensch, wir sind doch keine Kinder mehr, die wo mit der Geisterbahn fahrn. Aber der Adi hat drauf bestanden. Und hat geschrien, also nein, jetzt samma auf dem Oktoberfest, und jetzt fahrn wir mit der Geisterbahn. Also, tun wir ihm halt den Gefallen, ham wir uns gedacht, und sind rein in die Geisterbahn. Der Adi ist neben mir gesessen, und als der erste Geist daherkimmt, da zieht der Adi plötzlich aus der Joppe einen Stuhlhaxn heraus – ein Stuhlbein – und haut dem Geist – eine Art Kreuzspinne – eine drauf, dass es nur so gekracht hat. Der Geist war aus Gips, und da war dann nicht mehr viel übrig von dem Geist – nur noch so ein Drahtgeflecht, halt das Gerippe. Ja, sag ich, Adi, magst du keine Geister, nein, sagt er, ums Verrecken nicht, die hab ich noch nie leiden können. Und dann hat er jeden Geist, der dahergekommen ist, links und rechts mit dem Stuhlbein eine serviert. Und die Geister – wie gesagt – bestehen zumeist aus Gips, und in der Geisterbahn hat es gestaubt, wie wenn ein

Mehlsack explodiert wäre, und die, die hinter uns gefahren sind, haben nur noch so Gipshäufchen angetroffen statt einen Geist. Nach dieser Fahrt haben wir uns dann alle an den Ausgang von dieser Geisterbahn hingestellt und haben uns die Gesichter von denen angeschaut, die nach uns gekommen sind, weil die haben schon ganz entgeistert dreingeschaut.

Mein Gott, das war eine Gaudi.

Doch dann war es so weit. Der Adi hat gesagt, also, jetzt ist es so weit, dass es so weit ist, und wir gehen ins Bierzelt. Am besten gehen wir ins Schottenhammelzelt, obwohl s' nur einen Spatenbräu haben. Aber innen drinnen war es bumsvoll. Kein Platz weit und breit. Ein Gewusel überall – nicht ein Platz. Weil einem die Scheißjapaner und Holländer immer die Plätze wegkaufen. Da hat der Adi dann gesagt, also wenn es so ist, dann gehen wir rüber in die Ochsenbraterei, wo die Ochsen sind, und vielleicht kriegen wir dann da einen Platz. Aber da war dann die nämliche Situation. Überall voll, und kein Platz nirgendwo. Ich erzähl das Ganze auch nur, weil mich der Zeitungsschmierer – so einem Kerl könnt ich einen Fußtritt geben, weil nichts wahr ist von dem, was er schreibt, und wenn's so ist, scheiß ich auf die Pressefreiheit –, so, und jetzt wird's interessant. In der Nähe, da wo der Ochse gebraten wird, vorn, ganz beim Ochsen selbst, ein großer Tisch – frei. Nur ein Mensch sitzt da, so ein Zwetschgenmanderl, so ein kleiner, mickriger Kerl halt, und sonst niemand. Alles frei. Jetzt ist der Adi gleich zu dem Zwetschgenmanderl hin und hat gefragt, aber ganz freundlich: Du, Spezi, ist da noch frei? Der Zwetschgenmanderl, sicher ein Ausländer, hat dann wild mit den Armen herumgefuchtelt. Deutsch hat er auch nicht können, aber er wollte quasi sagen, nein. Aber da hat der Adi gleich prompt reagiert und hat dem Zwetschgenmanderl gesagt – aber ganz freundlich –, dass wir uns richtig verstehen, wir sind insgesamt sieben Metzger. Und dann ham wir uns hingesetzt. Das war auch wirklich zünftig. Ein Bier ist gleich dahergekommen und Schweinswürsterl. Bloß das Zwetschgenmanderl hat sauer dreingeschaut und hat seine Gulaschsuppe gegessen. Da hat der Adi ein ganzes Salzfasserl genommen und hat es dem Zwetschgenmanderl in die Gulaschsuppe geschüttet und hat gesagt, sauer macht lustig, Spezi. Aber das

Zwetschgenmanderl hat keinen Spaß nicht verstanden. Aber mir hatten eine Gaudi, und ich hab gleich noch einen Steckerlfisch gegessen. Und der Schnaps ist auch gelaufen und noch ein Bier. Und drum muss ich sagn, dass das mit der Pressefreiheit eine Schweinerei ist, und solche Zeitungsschmierer gehören mit einem Ochsenfiesel zusammengeschlagen. Weil jetzt kommt's, die Musik spielt *Ein Prosit der Gemütlichkeit,* das ganze Bier steht auf den Tischen, wir auch, und *Eins, zwei, drei – gsuffa* haben sie noch nicht gespielt –, da kommt das Zwetschgenmanderl daher zum Adi und berührt ihn mit der Hand an der Joppn. Ich hab's genau gesehen, er hat ihm die Joppe angelangt und sagt: Police, police. Und so viel Englisch kann der Adi auch, und jetzt kommt es, was ich beschwören kann. Mit jedem Eid. Auch wenn's der Zeitungsschmierer gelogn hat. Der Adi hat überhaupt nicht zugeschlagen, von Zuschlagen kann keine Rede sein, sondern er hat dem Zwetschgenmanderl den Maßkrug lediglich auf dem Schädel aufgesetzt, und dann war eine Ruhe. Wir haben dann noch gleich ein Bier getrunken, und es war eine Bombenstimmung. Und ich habe noch einen türkischen Honig gegessen und einen Klosterlikör getrunken, also am Oktoberfest ist es schon schön. Vor allem, wenn man mit einer Blosn hingeht, also in Gesellschaft. Bloß am Nebentisch, da waren auch so Arschlöcher, das waren so Sachsen, aus der früheren Dederä. Der Adi hat denen auch gleich gesagt, sie sollen sich anständig benehmen und überhaupt einmal was arbeiten. Der Adi sagt, jetzt habts ihr vierzig Jahre lang im Bett rumgeflackt, und es ist schon eine Frechheit, dass sie jetzt daherkommen und unsere Hendl wegfressen. Da steht einer von diesen Rädelsführern auf und will auf den Adi losgehen, bloß, der Adi hat sich besonnen und hat gewusst, er lässt sich nicht provozieren, weil er ja das Stuhlbein unterm Tisch hat. Der Adi langt hinunter und zerrt so merkwürdig. Ich denke noch, was zerrt er denn so? Was ist denn das? Da zieht der Adi mit zwei Fingern das Zwetschgenmanderl an den Nasenlöchern herauf. Ja Herrschaft, ja verreck, ist der allweil noch da. Das Zwetschgenmanderl, und das muss man zugeben, hat nicht mehr gut ausgschaut, eher schlecht, und es ist auch gleich der Sanka gekommen, und dann hams ihn mitgenommen, in die Klinik. Und jetzt steht da in der Zeitung: ATTACKE AUF GEISTESMENSCH – NOBELPREISTRÄGER ERLEI-

DET SCHÄDELBASISBRUCH. Also sicher, so, wie der ausgschaut hat, das glaub ich schon, dass der so schnell keinen Nobel-
preis mehr bekommt, aber ich bin der Meinung, wenn einer schon
so fürchterlich studiert hat, dann muss er doch auch wissen, und
so viel Hirn muss er haben, dass er wissen muss, dass man mit
einem Kopf, der wo nichts aushält, dass man damit nicht aufs
Oktoberfest geht.

Der Weber Max

Wir waren alle da, also, mir ist nicht bekannt, dass einer gefehlt hat, weil wir waren vollzählig. Also, pass auf, es waren da, der Ding war, der Ding, da sagst … Der Saller Wolfi war da, der Leinschwendner Sepp, der Bürgermeister, der Ziegler Fritz, na ja, der Fritz sowieso, und der Weber Max war da. Doch sicher, der Max war da, freilich, weil wir uns noch gfragt haben, kimmt der Max oder kimmt er nicht, könnt ja sein, dass er nicht kimmt, aber der Max war schon da. Sicher, es hätt ja sein können, dass er gar nicht kimmt, weil wir uns noch gfragt haben, ob er kimmt, aber der Max war schon da. Der war da wie eine Brezn. Also, die Sitzung ist vollkommen normal hergangen, ohne besondere Vorkommnisse, wie halt im Grunde eine jede Gemeinderatssitzung halt auch. Vielleicht is's a bisserl feucht herganga. I glaub, circa achtzig hoibe Bier san glaufen und deam ungefähr fuchzg Obstler, aber das heißt, der Weber Max sauft ja keinen Obstler, weil er trinkt ja bloß seinen Sechsämtertropfen. Der Max trinkt keinen Obstler, der trinkt wirklich bloß einen Sechsämtertropfen. Wir haben auch diesmal wieder in der Gemeinderatssitzung einstimmige Abstimmungsergebnisse erzielt, wie sonst halt auch einstimmig. Was haben wir denn diesmal abgestimmt? Moment, jetzt muss ich sinnieren. Ja, das war der Programmpunkt eins. Ja, beim Programmpunkt eins ham wir sofort gesagt, jawoll, ganz klar, da brauchen wir nich mehr lange diskutieren, der Abort kommt rein ins Leichenschauhaus, weil wir gesagt ham, der Abort ist eine Belebung fürs ganze Gemeindeleben und eine Zukunftsinvestition. Mir ham gsagt, wenn das Geld von Brüssel kommt, und das Geld ist gekommen, dann kimmt das Scheißhaus rein. Was hamma noch abgestimmt, ja, den Programmpunkt zwei, da ham wir auch abgestimmt, einstimmig, ohne Stimmenthaltung, da ham mir gsagt, die Fingerhakler, also der Fingerhaklerverein kriegt 8000 Mark vom Kulturetat, obwohl mir in unserer Gemeinde einen Kulturetat gar nicht ham, aber mir ham gesagt, scheißegal, dann stellen wir die Sache mit dem Kindergarten noch ein paar Jahre zurück, und bitte, was war denn voriges Jahr? Die Maßkrugstemmer, der

Maßkrugstemmverein, die haben auch 5000 Mark gekriegt, voriges Jahr, also kulturell ist derzeit bei uns die Hölle los. Die Fingerhakler warn auch ganz begeistert, weil mit 8000 Mark hams nicht gerechnet. Also die Fingerhakler waren außer Rand und Band. Sie sind fast in 'n Veitstanz vor Begeisterung und ham uns dann, also den gesamten Gemeinderat, eingeladen. Dann samma alle nach der Sitzung rauf zum Bauer Girgl. Der Saller Wolfi ist noch mitganga. Der Leinschwendner Sepp, der Bürgermeister, der Ziegler Fritz, das heißt der Fritz sowieso, und aa der Weber Max. Doch, der Max is scho mitganga. Sicher, weil mir uns noch gfragt ham, kimmt er noch mit oder kimmt er nicht mehr? Bringt der Max noch seinen Zündschlüssel ins Zündschloss rein, aber der Max is scho noch mitganga. Die Fingerhakler in ihrer Begeisterung ham gleich eine riesige Flasche Champaninger spendiert, einen echten Söhnlein Brillant, die hamma dann gleich gezuzelt. Der Wirt vom Bauer Girgl hat sich auch nicht lumpen lassen und hat gleich eine Runde Cuba Libre spendiert, weil sei Neffe den Führerschein wiedergekriegt hat. Bloß der Weber Max hat natürlich keinen Cuba Libre angerührt, sondern hat gleich zum Wirt gsagt, komm, stell amal a Flaschen Sechsämtertropfen auf den Tisch, damit eine Stimmung aufkommt. Und ich muss sagen, es war wirklich ein netter Abend. Wir wollten aber dann doch früher heimfahren, weil wir wollten am anderen Tag einen klaren Kopf behalten. Aber bevor wir fahren wollten, hat der Saller Wolfi gsagt, halt, stopp, bevor mir fahren, trinken wir noch einen schwedischen Kaffee. Und dann ham mir alle noch einen schwedischen Kaffee getrunken. Also, ein schwedischer Kaffee, das ist, da nimmt man eine große Tasse, schon einen Schapfen, und da schüttelt man ein bisserl einen Kaffee rein, dann schmeißt man ein Zehnerl rein, und dann schüttet man das Ganze mit einem Obstler oder einem Enzian wieder auf, so lang, bis man das Zehnerl wieder sieht. Der schwedische Kaffee, glaube ich, das ist ein altes Rezept aus der Ukraine. Mir ham dann diesen schwedischen Kaffee gsoffen und sind aber dann gleich danach heimgfahrn, weil mir ham ja dann am – jetzt muss ich nachdenken –, Herrgott, wann war's denn, dass ich nicht lüg … Ja, am anderen Tag – da ham mir dann das Symposium gehabt, das Symposium, mit denen von der Regierung, Regierungsmitglieder informieren Gemeinderäte, also, der

Saller Wolfi war da, der Leinschwendner Sepp, der Bürgermeister war da, der Ziegler Fritz, na ja, der Fritz sowieso, und der Weber Max. Der Max, doch, der war schon da. Weil mir uns noch gfragt ham, kommt er, der Max, oder kommt er nicht, aber der Max lässt sich doch kein Symposium entgehen, und das muss man auch gleich sagen, das Symposium mit denen von der Regierung, das war ein voller Erfolg. Ein voller Erfolg auf der ganzen Linie. I hab jetzt die Speisenkarte nicht im Kopf, aber die Herren von der Regierung haben einen Boscholää ausgeschenkt, einen solchen Boscholää, so einen Boscholää kriegst du nicht einmal in Boscholää. Es sind auch hochinteressante Fragen erörtert worden, kommunal ... äh ... und so weiter. Und der Weber Max hat auch einmal eine Frage gestellt, an den Regierungspräsidenten, übrigens ein fürchterlich gescheiter Mann, eine Kanone sozusagen, also, hat der Max gsagt, ja darf ich auch amal a Frage stelln? Da hat der Regierungspräsident gleich gesagt, weil er hat prompt reagiert, bitte sehr, Herr Weber, fragen Sie, was haben Sie auf dem Herzen. Da hat der Max gsagt, ja muss i denn bei eich so einen Boscholää saufen, habts denn es koan Sechsämtertropfen? Also, die Gespräche waren wirklich von höchstem Niveau. Und wir ham auch gleich gsagt, dass in dieser Angelegenheit wir gemeindeseits tabula rasa machen, und ham gsagt: grünes Licht, beim Aufbau Europa solln wir nicht abseits stehen, und deshalb ham wir einstimmig gesagt, dass unsere Partnergemeinde Tomachlice bei den Tschechen, also die kriegen unsere Sondermülldeponie umsonst, weil s' ja sonst nichts ham. Und mir ham gsagt, die kriegen die Sondermülldeponie, auch wenn die Kaulquappennumerierer noch so schrein. Die quaken doch sowieso bloß noch wie die Frösche. So, und jetzt muss ich gleich gehen, ich muss jetzt zum Bräuwirt, weil wir ham jetzt gleich ein Arbeitsessen, weil der Saller Wolfi kommt, der Leinschwendner Sepp, der Bürgermeister kommt, der Ziegler Fritz, na ja, der Fritz sowieso, weil der Pamplinger möchte jetzt direkt am Seeufer eine Lackfabrik aufstellen, direkt ans Seeufer, und da ham mir gsagt, so geht's nicht, was heißt da Arbeitsplätze, mir sind doch immerhin ein Luftkurort, sicher, wir ham jetzt das neue Konzept entwickelt in der Gemeinde, Luftkurort im Industriegebiet, aber eine Lackfabrik ans Seeufer stellen, so geht's nicht, und wir ham dem Pamplinger auch gesagt, bei dir ham mir schon

oft ein Auge zugedrückt. Wir ham nichts gesagt, wie du die Polla-
cken in die Kühlräume versteckt hast. Wir ham auch ein Auge
zugedrückt, wie du die Tamilen in dem Hundezwinger gehalten
hast. Aber jetzt eine Lackfabrik ans Seeufer stellen, so geht's nicht.
Mit einem Gemeinderat kann man nicht radlfahrn. Mir ham gesagt, schön, Pamplinger, wir genehmigen's, aber er muss ökologisch alle Auflagen erfüllen, und wenn da wirklich eine Lackfabrik
entsteht, muss er um die ganze Lackfabrik einen Wilden Wein
anpflanzen. Ob jetzt allerdings der Weber Max noch kommt zu
dem Arbeitsessen, das steht jetzt in den Sternen, weil der Max
sagt, er weiß nicht, ob er Entscheidungen in der Gemeinde von
einer solchen Dimension, ob er da mit seiner alten Leber noch
mitfahren kann. Der Max sagt, er bräuchte halt a neue Leber. Da
ham mir gleich gsagt, Max, für dich bringma doch noch amal a
neue Leber her. Da fahrn mir mit dir nach München in die Klinik,
da wo's die neuen Lebern gibt, aber der Max ist heikel, richtig
gschleckert ist er, weil er sagt, wenn er schon 'ne neue Leber will,
dann muss das auch 'ne Leber sein, die wo Hand und Fuß hat.
Einen alten Lappen lässt er sich nicht neiplantieren, am liebsten
wär ihm so 'ne Leber von 'nem Moslem, sagt der Max, weil die
dürfen nix saufn. Von der Religion aus. Und am liebsten hätt er
halt 'ne Leber von 'nem jungen Fundamentalisten, weil die ham
Lebern wie die Jungfraun, weil s' bloß a Mineralwasser trinka.
Also, meine persönliche Meinung is, der Weber Max ist sicher
bald wieder in unserem Gemeinderat tätig, und so wie ich die
Situation politisch einschätze, fallen da drüben oder da drunten,
da wird doch in Gottes Namen noch amal a Leber für'n Weber
Max hergehn.

Gegendarstellung I

Als Anwalt meines Mandanten, des derzeitigen Staatsministers für Finanzen, Gerold Tandler, möchte ich folgende Gegendarstellung vorbringen. Diese Gegendarstellung ist nötig geworden, da in der Presse und in Teilen der Öffentlichkeit Unwahrheiten verbreitet werden, die geeignet sind, das Ansehen meines Mandanten empfindlich zu schmälern.

Anlass für ungeheuerliche Unterstellungen gab die Bayerische Imo Treuhand GmbH, auch BIT genannt. Es ist keinesfalls richtig, dass hier, wie unterstellt, camorraartige Verfilzungen zu Ämtermissbrauch geführt haben, weil angeblich zwischen der Verquickung von privaten Interessen und Abhängigkeitsverhältnissen nicht mehr zu unterscheiden wäre.

Auch dem Vorwurf, Geschäftspraktiken meines Mandanten Gerold Tandler mit dem Arbeitsrichter bzw. Immobilienmakler Günther Zembsch wären sonst nur in Neapel oder in Palermo möglich, möchte ich hier entschieden entgegentreten. Alle Transaktionen wurden nachweislich nicht in Italien, sondern eindeutig und überprüfbar in Bayern durchgeführt.

Es ist entstellend die Tatsache, dass wenn behauptet wird, dass die Privatinteressen des Privatmannes Gerold Tandler mit den Aufgaben des Finanzministers Gerold Tandler kollidieren würden.

Hier gilt festzustellen, dass mein Mandant niemals gleichzeitig als Minister und Kreditnehmer mit dem Arbeitsrichter Günther Zembsch in Erlangen verkehrt hat, sonder *nur* und *ausschließlich* entweder als direkter Vorgesetzter von Herrn Zembsch oder als privater Auftraggeber an den Bankmann Günther Zembsch oder als privater Kreditgeber Gerold. Allein dass diese Unterscheidung wirklich geleistet wurde, zeigt und beweist die Tatsache, dass mein Mandant als Minister mit dem Arbeitsrichter die Sie-Form wählte; ebenso als Treugeber Gerold Tandler mit dem Treunehmer Günther Zembsch und vice versa wurde die Sie-Form benutzt, nur als privater Schuldner Gerold beim Privatmann Günther wird die Du-Form angewandt: Dies beweist, dass zwischen den Anteilseignern an der Bayerischen Imo Treuhand lediglich bei privaten Transaktionen Vertraulichkeit bestand.

Die böswillige Unterstellung, mein Mandant wäre wegen dieser privaten Schulden erpressbar geworden in seiner Eigenschaft als Minister und Auftragsbeschaffer für den Arbeitsrichter bzw. Immobilienmakler Günther Zembsch, ist lächerlich. Hier von einem Dschungel zu reden ist aus der Luft geholt. Jeder vernünftige Mensch weiß, dass Bayern nicht in tropischen Regionen liegt.

Dass der Arbeitsrichter Günther Zembsch als Nebenbrot zu seiner Beamtentätigkeit staatlich finanzierte Studentenwohnheime und Appartements erstellen ließ, ist sein gutes Recht, und es gehört ja zu den Aufgaben meines Mandanten, als Minister ebenda die Finanzierungen zielbewusst zu vergeben. Dies zu unterlassen wäre ja ein Amtsmissbrauch seitens meines Mandanten gewesen, und es spricht nur für die Selbstlosigkeit von Gerold Tandler, dass er mit sozialem Engagement als Privatmann Gerold Tandler dem Bankmann Günther Zembsch mit privaten Mitteln unter die Arme griff.

Auch wenn es in der heutigen Zeit nicht mehr opportun ist, solche Vergleiche anzustellen, aber dieses edle Verhalten meines Mandanten findet sein Vorbild in Taten, wie sie der heilige Martin von Tours oder der heilige Konrad von Altötting vollbracht haben.

Da die Rechtsform der Baufirma vom Arbeitsrichter Zembsch eine Treuhand GmbH & Co. KG war, lag es in der Natur der Sache, dass es einen Treunehmer und einen Treugeber geben musste.

Die Tatsache, dass *vor* Konkurs von Herrn Zembsch routinemäßig wieder ein Tausch Treugeber zu Treunehmer stattfand und damit das Grundstück des Druckereianwesens in Neuötting Flnr. 14/356 abermals in den Besitz *meines* Mandanten und damit aus der Konkursmasse von Herrn Zembsch fiel, erklärt die Rechtskonstruktion. Daraus einen betrügerischen Konkurs abzuleiten ist abenteuerlich. Mein Mandant war nämlich sehr schnell bereit, unmittelbar *nach* der Konkursabwicklung Treunehmerschaft mit Treugeberschaft zu tauschen. Dieser erneute Tausch ergab sich halt, weil der Privatmann und nicht der Treugeber Gerold Tandler beim Privatmann Günther Zembsch Schulden hatte. Frau Staatsminister der Justiz, Mathilde Berghofer-Weichner, hat am 31. Ok-

tober 1988 schriftlich meinem Mandanten bestätigt, dass keinerlei
Betrugsermittlungsverfahren gegen ihn vorliegen. Die Ermittlungen wurden erst Anfang November eingeleitet und sind, wie wir
wissen, bis heute ergebnislos verlaufen. Dies bestätigt wiederum
eindeutig die weiße Weste meines Mandanten.

Und jetzt möchte ich noch dem Gipfel der ungeheuerlichen
Verleumdungen, die Gerold Tandler treffen sollen, entgegentreten.
Die böswillige Behauptung, der Treugeber-Treunehmer-Tauschvertrag zwischen meinem Mandanten und Günther Zembsch sei
in betrügerischer Absicht um zwei Tage vordatiert, da Herr
Zembsch am Tag dazwischen Konkurs anmeldete, lässt sich leicht
schon dadurch widerlegen, dass das Modell der Schreibmaschine,
mit dem der Vertrag abgefasst wurde, überhaupt erst ein Vierteljahr später in den Handel gekommen ist. Dem dummdreisten
Vorwurf, mein Mandant hätte durch zugegebenermaßen schwer
nachvollziehbare Transaktionen die Bayerische Landesbank in
Verluste gezogen, ist zu entgegnen, Verluste dieser Bank sind
durch Fehlentscheidungen bayerischer Minister chronisch häufig,
ja ein Normalfall (fragen S' doch einmal den Herrn Huber).

Leicht fällt es auch, den Vorwurf vollkommen zu entkräften,
mein Mandant hätte als Privatmann sowie als Minister gemeinsam mit dem Geschäftspartner Herrn Zembsch die Druckereibesitzerin Maria Niedermayer durch Finanzmanipulationen um
ihr Vermögen gebracht – es wird der Begriff »kalte Enteignung«
verwendet. Mein Mandant habe oben genannte Druckerei samt
Grund für ein Butterbrot erhalten. In eidesstattlicher Selbstauskunft könnte mein Mandant jederzeit beweisen, dass er kein Butterbrot, sonder nur belegte Brote zu sich nimmt. Keinesfalls und
zu keinem Zeitpunkt hat Gerold Tandler mit Arglist oder Tücke
oder mit Finanzmanipulationen operiert. Beweis: Zum Tatbestand der Arglist gehören Sachverstand und gute Kenntnis des
Metiers. Dass mein Mandant über beides nicht verfügt, lässt sich
schon aus der Tatsache ableiten, dass er Bayerischer Finanzminister ist.

Zum allgemeinen im Raum stehenden Vorwurf der Verfilzung, des Byzantinismus, Amtsmissbrauchs, Betrugs möchte ich
klarstellen: Mein Mandant ist als multipler Funktionsträger bekannt.

Beweismittel: eine Dokumentation über Herrn Tandler
Tandler, der Vater
Tandler, der Musiker
Tandler, der Sportler
Tandler, der Ehemann
Tandler, der Chef
Tandler, der Koch
Tandler, der Maler
– warum nicht auch Tandler als Tandler?

Der Revolutionär

Dass du da nimmer magst, versteht man. Wohinst schaugst. I hab des gsehn mit dem Veltlin, des kost a Manna, dass dir der Ding obabröselt, verstehst, der ganz Bergwald, der rattert oba wie ein Rollo, des is a Wahnsinn. Auf d' Rotwand hams a Straß auffi baut, verstehst, danach hams des alles asphaltiert, an Bergweg auffi, und dann hams ihn grün angstrichen, weil s' gsagt ham, wegen am Umweltschutz. Nein? Total, total gspinnert, nein? Wenn ma des alles anschaut, da wirst direkt verrückt. In d' Amper derfst nimmer einehupfen, die Amöven und des Zeig, ja Kruzinesen, nein? Ja, was is 'n des? Des Grundwasser in dem Dorf, nicht weit von da, kannst nimmer saufen, weil s' das Wasser vom chemischen Wert bringen müssen, net? Und Ding, vorn … an … da den Großflughafen tuns dahin, achtzehn Kilometer, Quadratkilometer, tuns zuplomben, alles zubetonieren und asphaltieren, da möchte ma sagen, was man liebt, die Heimat, was man liebt, des asphaltiert man doch nicht ständig, nein? München, hams gsagt, da müssens an ersten Stock machen, net, weil's nimmer langt, von der Fläche her, net? Dann bauns an Keller aa no. Dann kannst mit'm Lift München eins, München zwoa oder München dritten Stock auffifahrn, wenn des so weitergeht. Und a Autobahn nach der andern, de Ding kommt, die Autobahn Altötting, die Wallfahrerautobahn, net, nach Oideting-Braunau? Dann kommt eine … dann die ander nach Deggendorf … Venedig, hams gsagt, soll der Hafen von München werdn, weil Hamburg hat Cuxhaven, hams gsagt, net wahr. Na kommt die Autobahn Landshut-Regensburg-Rosenheim, ja des wird ja alles total losangelesiert, net! Kernkraftwerk, da sagn die Amerikaner, sei »mushroom up«, die kommen wie die Schwammerl hervor, net? Ja, unser schönes Oberland, des wird bald, wenn ma des so sieht, wenn ma sich des oschaugt, des wird ja praktisch ein neues Ruhrgebiet, ja, da muss sich doch amal was ändern! A Ozonloch hams, net, die ganz Atmosphäre is wie ein Emmentaler, net? Ja Sakrament, da muss doch amal was passieren?! Des gibt's ja gar net! Und zwar revolutionär! Da ghört direkt a Revolution her! Und des is der Grund – und drum wähl ich auch diesmal CSU.

Unser Heinz!

»Der Raubmörder hat mir in meinem Leben kein Glück nicht gebracht!«, sagt der Heinz, und ich wäre blöd, wenn ich ihm widersprechen würde. Der Heinz erzählt die Geschichte vom Raubmörder auch nur deshalb wieder, weil er jetzt die achte Halbe zu sich nimmt, und das ist dann eben der Zeitpunkt, wo die Geschichte vom Raubmörder dran ist.

Die zufälligen Gäste, meist Touristen aus nördlichen Gefilden, erfahren dann, warum der Raubmörder dem Heinz kein Glück nicht gebracht hat. Die Geschichte ist für den Wirt sehr umsatzfördernd. Sie könnte in wenigen Minuten erzählt sein – aber der Heinz nimmt sich, wenn er gut drauf ist, einen ganzen Nachmittag, um sie wirkungsvoll an den Mann zu bringen. Dabei macht er dramaturgische Pausen, damit die Bedienung die Frage: »Kriagn ma no a Hoiwe?« anbringen kann.

Die Touristen werden Zeugen von Heinz' Leidenschaften und erleben in ihm den Vertreter einer alten Gefühlskultur, die auch in unseren Gauen nur noch selten vorkommt.

Der Heinz verdingt sich als »Hausl« bei einem »Protzn«, und weil er so loyal zu seinem Herrn steht, genießt er bei jenem hohen Respekt. Loyal sein heißt für den Heinz, Haus und Hof bedingungslos zu schützen, und schützen heißt, jedweden, der sich der lüftlbemalten Villa mit den toskanischen Arkaden und der Garage, getragen von korinthischen Säulen, nähert, zu vertreiben – wie erst neulich den Kinderarzt, der zum Nachbarn wollte.

Der Heinz fräste Schnee; er fräst ja sowieso mit großer Leidenschaft Schnee.

Der Protz, der Herr der Villa und der Besitzer vom Heinz, belohnte diesen mit einer Schneefräse, sodass der Heinz im Winter immer und zu jedem Zeitpunkt den Eingang zur Villa frei halten kann. Denn der Protz weilt zwar mal dort und da, wie halt alle Protzen, schaut aber doch so alle zwei Jahre mal in seiner toskanisierten Villa vorbei, um zu sehen, ob alles gschleckt ist.

Kommt doch an einem Tag, wo der Heinz gerade Schnee fräst,

ein Subjekt daher in Form eines Kinderarztes, um dem Nachbars-
kind die Diphtherie auszutreiben! Und was macht dieser Kinderarzt? Er parkt! Er parkt sein Auto justament da, wo der Heinz
fräsen wollte. Schnee fräsen im Dienste seines Herrn.

Dem Heinz fiel alles an Vokabular ein, was geeignet ist, einen
parkenden Kinderarzt zu vertreiben. Ich zitiere: »Du Dreckarsch,
du bläda, du Himmikruzifix, du varreckta, du Loas, du owaberlte,
du dafeide!!!« Dann stellte er noch die Fangfrage, Zitat: »Hams dir
valleicht ins Hirn eingeschissn?«

Diese Frage wollte der Mediziner nicht unmittelbar beantwor-
ten, sondern wandte sich brieflich an den Brotgeber und Schnee-
fräsenmäzen vom Heinz mit der Bitte, er möge den Hausl domes-
tizieren und zu zivilerem Verhalten ermuntern.

Der Protz jedoch, stolz, so ein bayrisches Urvieh wie den Heinz
als Hausl zu besitzen, antwortete dem Kinderarzt ebenfalls brieflich. Er verwies darauf, die Landessprache eines Hausls sei nun
mal volkstümlich und stünde im Einklang mit der Natur und der
Seele eines eben drastischen Volksschlages. Sei normale Konversa-
tion also.

Der Kinderarzt, ebenfalls des Bairischen mächtig, schickte dem
Protzn nun ein Fax. Text: »Ja, du Depp, du gselchter, du Flaschl-
putzer, du windiger, du Brunzkachl, du dasoachte, vaspiebme, du
hast doch glatt an Schoaß im Hirn!«

Der Protz bemühte umgehend seine Anwälte. Gerichtliche
Feststellung: Ein Kinderarzt ist kein Bayer, daher auch nicht
volkstümlich und somit straffällig.

Dem Heinz kann es recht sein. Er verteidigt auch weiterhin die
Villa seines nordischen Gebieters und die Heimat überhaupt.
Denn er ist bei den Gebirgsschützen, und diese verteidigen ja
immer die alten Werte wie auch die neue Lackfabrik am See. See-
ufer und idyllisches Tal sind wie geschaffen dafür, schon von der
Größenordnung her.

In den letzten 15 000 Jahren war es relativ ruhig am See. Zur
Zeit der Römer war auch nicht viel los, nur im 17. Jahrhundert
sausten ein paar evangelische, also schwedische, Marodeure herum – und sonst war nur der Heinz da, der war schon immer da.
Und weil er das weiß, verteidigt er nicht nur die Lackfabrik, sondern auch die Idee von derselben: »Auch die Natur muss sich an

die Gegebenheiten einer Heiteckgesellschaft anpassen, da kommt keiner drum herum!«

Der von Heinz persönlich gewählte Gemeinderat stellt diese Devise auf, und ein Chor von »Jawoi« und »Genau« bestätigt die Richtigkeit dieser Wahrheit und die Wahrheit dieser Richtigkeit. Ein kurzes, sattes »Jawoi« – woi ist immer endbetont, genauso wie »genau« …

Ein Gemeinderat, im Privatberuf Parteimitglied, meint: »A Luftkurort in einem Industriegebiet ist was Einzigartiges, des muaß uns erst amal jemand nachmachen!«

Das wirkt auch beim Heinz. Er ist noch ein Mensch, der einen Respekt hat vor einem Politiker, der wo den Nerv trifft, ohne zu nerven.

Wenn also der Heinz den Touristen in der Wirtschaft die Geschichte vom Raubmörder erzählt, welcher ihm kein Glück nicht gebracht hat, dann ist diese Geschichte eingerahmt von einer Musik, die für das Volk gemacht ist. Einer Musik, die weich über Resopaltische streicht und im Einklang mit dem Schmalzgeruch der Friteuse einen die Heimat schmecken lässt. Gerade wird im Bayerischen Rundfunk der neue Wiesnhit vorgestellt: *Auf dem Strom, dem riesengroßen Mississippi, da schwimmt ein winzig kleines Henderl Pipi!* Der BR ist um solche volkstümlichen Geräusche besonders bemüht. Er düngt unsere Heimat mit dieser akustischen Gülle und lässt auch nicht einen Kubikmeter Äther aus …

Diese Musik animiert den Heinz, das Rhetorische droht auszutrocknen. »Oane no«, sagt er, »oane geht no, oane geht oiwei!«, meint er, und ich wäre blöd, wenn ich hier widersprechen würde. Mein Blick streift die Heimatzeitung auf der Wirtshausbank. Das schlagende Argument zum Thema Tempolimit bringt unser Kreisrat: »Bei uns gibt's hoid aa Leit, dene wo's pressiert!« – Eine Großaufnahme zeigt unseren Gemeinderat K. L. vor einem Stollen und fünf Brezen. Er spendiert den Stollen für die Ukraine, die Brezen gehen als erste Hilfsmaßnahmen nach Kasachstan. Hier ein Hinweis zum Thema Asyl: »Bewacht eure Garagen, Hundezwinger und Holzschupfen. Es ist mit Zwangseinweisung von Asylanten zu rechnen!«

Die Heimatzeitung hat den Satz vom Heinz, »Oane geht no«, schon öfters gedruckt. Er spricht Menschen mit großer Lebenserfahrung und tiefer Menschenkenntnis an. Der Mensch ist ein Behälter, in ihn geht etwas hinein.

Der Heinz hat die neunte Halbe fast geleert und fährt gleich anschließend mit dem Auto nach Erding, wo er mit seinen Kameraden noch den Ehrensalut der Gebirgsschützen zur Eröffnung des neuen Flughafens abfeuern muss.

Dieser wird eingeweiht und ist damit Heimat. Die Vögel und sonstiges Geflügel sind beseitigt, das Grundwasser quadratkilometerweise weggegurgelt. Jetzt kann alles in die Luft gehen. Das Erdinger Moos ist trocken und kein Sumpf mehr. In den Flughafenboutiquen kann man alles kaufen, was man braucht. Auch eine original Bavarian familiy – Bavarian father, mother and child – aus Plastik, in Tracht, wie Schlümpfe.

Das Heimatgefühl grassiert vor allem in schwedischen Möbelhäusern und Altmünchner Bistros.

Dass es die Bayern gegeben hat, ist erwiesen. Kelten und Römer haben hier ihre Spuren hinterlassen, auch das Volk der Passagiere.

Der Heinz kann in Oktaven rülpsen. Ob er sich damit beruflich noch verbessern kann, wird die Zukunft zeigen. Jetzt trinkt er noch schnell einen Schnaps, dann geht's zum internationalen Wetttrinken zugunsten der Aktion Sorgenkind. Die Kreissparkasse sponsert. Schade, dass der Heinz die Geschichte vom Raubmörder jetzt nicht mehr zu Ende erzählt, da kommt nämlich auch noch der Sven vor, wie er bei der Desiree am Kammerfensterl … Oder wie der Heinz einmal im Bayerischen Fernsehen … Halt! Nein! Dort kommt er nicht vor, der Heinz, weil in echt wäre er ja ein Klischee.

Im Bauernmuseum

Vor einem historischen Bauernhof im Freilichtmuseum demonstrieren Frau Cyslavski und Herr Lechner handwerkliches Können aus dem 18. Jahrhundert.

Frau Cyslavski sitzt vor einem Wassertrog, wäscht altes Leinen und legt es zum Bleichen aus, aber immer nur, wenn Besucher da sind. Herr Lechner drischt mit wenig Begeisterung einen Haufen Stroh. Besucher Heinz Voss aus Schwartau mit Ehefrau Karolin und Tochter Wilma beobachten die beiden.

VOSS   Guck mal, Karolin, wie sich die Leutchen damals plagen mussten. Also, wenn du mir noch einmal über das bisschen Wäsche jammerst. *Er schaut in seinen Plan.*

Zu Lechner Ach sagen Sie mal, guter Mann, wo ist denn hier das historische Korbflechten und Töpfern? Wo findet das statt?

LECHNER   Da links drüben, unten beim 15. Jahrhundert.

VOSS   Vielen Dank. Kommt, Kinders!

Familie Voss geht. Cyslavski stellt einen Augenblick die Arbeit ein.

CYSLAVSKI   Sie, Herr Lechner, is heit überhaupt a Korbflechten? Der Herr Döderlein is doch krank. Der is doch zum Urologen.

LECHNER   Ja, des ganze Spätmittelalter is geschlossen.

CYSLAVSKI   Und d' Steinzeit auch, weil d' Fräulein Rösner hat gekündigt.

LECHNER   Äh, des werd er dann scho merken.

CYSLAVSKI   Wie spät hamma's denn?

LECHNER   *schaut auf die Uhr* Ja, mir ham's bald.

CYSLAVSKI   Ham Sie am Samstag »Schreie aus dem Jenseits« aufgezeichnet?

LECHNER   Naa, ich hab's aso gsehn.

CYSLAVSKI   Ich hab ma's aufgezeichnet, aber die ham davor mit ihrm Tennis, hams wieder amal dermaßen überzogen …

LECHNER   As Tennis war schwach.

CYSLAVSKI   Un' grad wie dann die Leiche da aus dem Speicher zrückkommt, hat's abgschaltet. Wie is 'n des nausganga?

LECHNER   Da Australier hat gwonnen.

CYSLAVSKI   Naa, im Film.

LECHNER   Ah so, ja, er hat sie dann vergift. War aber schwach.

CYSLAVSKI   Glaubm S' es, des is mir jetzt scho a paarmal passiert. Die mit ihrm Sport – immer wenn's am spannendsten is, hört's auf, weil s' davor so überziehn. Ich programmier jetzt ja eh schon immer a paar Minuten länger.

LECHNER   Ja, des kann mir jetzt nimmer passiern, weil ich hab jetzt an Video von dieser neuen Generation. Da wenn S' was einspeichern …

Er hört auf. Beide arbeiten wieder. Zwei Japaner kommen, knipsen und gehen wieder. Lechner und Cyslavski stellen die Arbeit wieder ein.

Wissen S', diese neue intelligente Recorder-Generation arbeitet mit 'm digitalen Subcode. Da strahlen die beim Fernsehen dann so an Impuls mit aus, und dann fangt's immer erscht an, wenn's losgeht.

CYSLAVSKI   Is scho gigantisch, was ma heut so alles machen kann. Na ja, i versteh eh nix davon. Äh, wie spät is 'n jetzt?

LECHNER   Der wird glei kommen.

CYSLAVSKI   Also, des war halt a Vorteil, wo ich noch bei der Südbremse garbeit hab. As Kantinenessen. Ma hat halt gwusst, Punkt zwölfe gibt's was zum Essen.

Familie Voss kommt zurück.

VOSS   Das gesamte Frühmittelalter und die Steinzeit sind ja zu …

CYSLAVSKI   Ja, da is wer krank worn.

LECHNER   Der Höhlenmensch is beim Urologen.

CYSLAVSKI   Steinzeit is bis zum Wochenend gschlossn.

VOSS   Ah so, ja, äh, könnten Sie noch mal mit Ihrem Werkzeug da etwas mehr zu mir …?

LECHNER   Sie, am Eingang gibt's fei a Postkarten.

VOSS   Nein danke, ich mach mir meine eigenen Bilder. Und Sie, gnä' Frau, wenn Sie etwas mehr gebeugt … Soo ja … *Er knipst.* Äh, hallo, Sie ham ja noch Ihre Uhr an. Das ist historisch ungenau. Können Sie die bitte mal entfernen? *Lechner*

nimmt seine Uhr ab. So, und jetzt weiterarbeiten, ja, so is gut. Das mach ich noch auf Video, 'n super Motiv. Ach, Karolin, kannst du mal dazu – Moment, halt, Karolin, nein, nein, stopp. Haben wir noch 'ne Kassette im Auto? Die Kassette hier is aus. Die beiden hier wärn ein super Zwischenschnitt vor der historischen Eisenbahn. Das sollten wir vielleicht doch mitnehmen. Wir kommen noch mal, bis gleich.
Familie Voss geht wieder ab.

LECHNER   Herrschaft, wenn der Döderlein net kimmt, siegh i's scho kommen, da muss ich an Höhlenmenschen a no machen.

CYSLAVSKI   Bei der Südbremse habens auch immer Spitzennachspeisen ghabt. Amal an Creme Karamel oder auch amal a Sorbet.
Ein Museumswärter kommt mit einer großen Plastiktüte.

WÄCHTER   So – Mittag – Mahlzeit! Ich hab's aufgschriebn, wer was zahlt.
Der historische Schmied kommt dazu und kramt in der Tüte.

SCHMIED   I hab den Duddelburger ohne Sesam.

WÄCHTER   Is scho alles drin.

SCHMIED   Ah ja, da. Mahlzeit!

WÄCHTER   Mahlzeit!

LECHNER   Mahlzeit!
Schmied breitet sich mit Lechner auf dem Tisch aus. Cyslavski geht noch ins Haus und kommt mit einer großen Ketchupflasche zurück.

LECHNER   Aah, des tut gut.

CYSLAVSKI   Gell, der Ketschap mit Schaschlikcurry is a Gewinn.

LECHNER   Ja, der is irgendwie aromatischer.
Familie Voss kommt mit der Videokamera zurück.

VOSS   So, da wären wir. Äh, Verzeihung, könnten Sie vielleicht noch mal da an Ihrem Arbeitsgerät …

LECHNER   *mit vollem Mund* Naa, Sie sehn doch …

CYSLAVSKI   Mir ham grad Mittag!
Voss schaut in seinem Prospekt.

VOSS   Ja, da nehm ich Sie eben beim Tafeln auf, wenn Sie nichts dagegen haben. *Zur Tochter* Wilma, Karolin – stellt euch mal eben dazu.

LECHNER   Nanaa, Sie, des is unser privates Mittag. Die historische Mahlzeit is um vierzehn Uhr.

CYSLAVSKI   Bei der Rapsmühle, gleich neberm Parkplatz.

MOBILITÄT, FLEXIBILITÄT UND TRANSPARENZ

Der Ensemble-Schutz

Gerda Sawitzki bepflanzt gerade ihre neu gebaute Pergola mit wilden Weinpflänzchen. Eine Nachbarin am Zaun, Frau Strasser, evtl. mit Fahrrad, schaut zu. Die Kinder spielen im Garten.

SAWITZKI   … und da drüben an dem Pfeiler pflanzma vielleicht noch an Knöterich. In zwei Jahren wächst der mit'n Wilden Wein zamm. Dann blüht's es ganze Jahr. Erst die Clematis, dann der Knöterich und dann der Wilde Wein.

NACHBARIN   Ja, es is wirklich sehr schön worn.

SAWITZKI   Auch bei Regen kann ma jetz im Freien a bisserl sitzen bleibm, am Abend wird's net so schnell kalt – i sag's Ihnen, des war die beste Idee, die mein Mann seit Jahren ghabt hat.

NACHBARIN   Ja, so a Pergola, des waar schon was. Mir ham's uns ja auch scho überlegt. Also Wiederschaun, Frau Sawitzki!

SAWITZKI   Wiederschaun, Frau Strasser! *Zu einem Kind, das an der Pergola herumklettert* Sven, Obacht! Ich weiß fei net, ob die Farb scho ganz trocken ist.
Herr Baller, ein Beamter, läutet.

SAWITZKI   Ham Sie gläutet?

BALLER   Ja.

SAWITZKI   Kommen S' ruhig rein, 's is offen.

BALLER   Ich such den Herrn Sawitzki.

SAWITZKI   Mein Mann is net da.

BALLER   San Sie die Frau Sawitzki?

SAWITZKI   Ja, warum?

BALLER   Mein Name ist Baller von der Lokalbaukommission. Ich komme in einer dienstlichen Angelegenheit.

SAWITZKI   Kann ich Ihnen da auch weiterhelfen?

BALLER   Sie müssten da nach meinen Unterlagen eine Art Pergola errichtet haben …

SAWITZKI   Ja, hier. Da schaun S' doch! Is noch net ganz fertig, aber mir benutzens schon.

BALLER   Schaun Sie, hier ist mein Ausweis. Äh … Frage: Ham Sie da eine Baugenehmigung?

SAWITZKI   Äh ... wieso?

BALLER   Sie haben da einen Baukörper erstellt, der der Genehmigung bedarf.

SAWITZKI   Aber des san doch nur ein paar Steckerl mit'm Dacherl drauf ...

BALLER   Ja, genau. Durch das Dach handelt es sich um umbauten Raum, der genehmigungspflichtig ist.

SAWITZKI   Ja, des hat uns doch kein Mensch gsagt – Doris, gehst da raus aus de Pfingstrosen!

Ein Kind spritzt Herrn Baller mit einer Spritzpistole an.

Hör halt auf mit dem Schmarrn, Reinhard ...

BALLER   Lassen S' ruhig, 's san halt Kinder. Äh, Frau Sawitzki, ich mach Sie darauf aufmerksam, dass dieses nicht genehmigte Bauvorhaben den Belangen des Umweltschutzes und des Landschaftsschutzes entgegensteht und nicht dem Ensemblecharakter der hiesigen Bauordnung hier im Innenbereich entspricht.

SAWITZKI   Machen S' sich doch nicht lächerlich! Die Pergola, die sieht scho gar koa Mensch, und außerdem schaut des Haus jetzt mit Pergola viel netter aus wie vorher. Was meinen S', wenn des erst bepflanzt is ...

BALLER   Des kann scho sein, die tragenden Teile können S' ja stehn lassen, wenn Sie das Dach innerhalb von vierzehn Tagen entfernen, is für uns der Fall erledigt.

SAWITZKI   Aber schaun S' doch selber – ohne Dach is doch die ganze Pergola ein Schmarrn.

BALLER   Im Falle der Zuwiderhandlung mach ich Sie darauf aufmerksam, dass Sie mit einem Bußgeld von 3000 Mark zu rechnen haben. Sollten Sie dann Ihrerseits immer noch auf der Weigerung bestehen, müssen Sie mit einem Zwangsabbruch auf Ihre Kosten rechnen. Des wird fei ganz schön teuer, Frau Sawitzki.

SAWITZKI   Ja, Sie – jetzt muss ich direkt scho amal dumm fragen, da schaun S' amal, und so was da ... Sie deutet auf ein paar hässliche Industriebauwerke ... des derf gebaut werden, so was werd genehmigt, des stört an Ensemblegeist net und Ihre Belange vom Landschaftsschutz und dem Schmarrn.

BALLER   Frau Sawitzki, erstens können S' davon ausgehen, dass diese Gebäude alle ordnungsgemäß genehmigt san ...

SAWITZKI   Ja, des glaub ich Ihnen sofort, Sie ... Sie ... *Sucht nach einem passenden Schimpfwort.*

BALLER   Und zweitens kämen die sicher niemals auf die Idee, da eine überdachte Pergola wild aufzustellen. Des tät ja auch gar net dazupassen.

Die Garage

Und? Gefällt sie Ihnen? Sicher, es war für den Architekten, den Bachmeier Toni, eine Herausforderung an dieser Stelle, also topographisch, eine Garage zu erstellen, wo man mit Fug und Recht von einer Garage sprechen kann. Das Wort Garage kommt ja aus dem Französischen. Und der Bachmeier Toni ist aber auch ein international erfahrener Garagendesigner, ein Garagist, oder, wie sagt man eigentlich, Garagier. Der Toni hat ja auch schon in Oberösterreich Garagen erstellt. Vom Finanziellen will ich lieber gar nicht reden. Aber vom Stil her, weil der Toni mich noch gefragt hat, wie willst du die Garage haben, vielleicht postmodern? Da sage ich, Toni, du bist doch der Künstler und Architekt. Machen wir sie halt postmodern, aber das Einzige, wenn du mich schon fragst, ich habe zu Hause eine korinthische Säule, dass man die vielleicht in die Garage integriert. Ich finde, das Postmoderne und diese korinthische Säule, das ist ästhetisch durchaus ein Volltreffer, bloß meine Frau fährt immer an die Säule hin, schon zum vierten Mal jetzt. Also, ich bin der Meinung, wenn man will, kann man aufpassen, wenn man will. Also wenn sie mir noch mal hinfährt, dann kassier ich ihr den Führerschein. Aber die Garage selbst ist schon ein Bauwerk, was sich sehen lassen kann. Ich bin so begeistert von dieser Architektur – wenn ich Luft schnappen will, dann geh ich gar nicht mehr spazieren, sondern stell mich vor meine Garage und schau sie mir an. Das ist halt Architektur, jedenfalls nicht so ein Fertigbetonwürfel, so ein Betonklotz, wie sie 'n mein Nachbar, der Dr. Brezner, hingestellt hat. Also, missverstehen Sie mich nicht, bitte, ich habe persönlich nichts gegen den Dr. Brezner, er ist durchaus ein feiner Mensch, sogar ein Akademiker, also schon … irgendwie … auch … Letztes Jahr haben wir sogar miteinander im Sommer, im August, glaube ich, war's, da haben wir gegrillt. Aber dieser Mann bringt's tatsächlich fertig, der grillt eine Weißwurscht. Na ja, jedem Tierchen sein Pläsierchen, aber solche Menschen gibt's. Der Mann ist schon ein Sonderling. Ich meine, obwohl er auch wieder großzügig ist. Im Winter, wenn ich Schnee fräse, und ich fräse sehr gerne Schnee,

dann lässt er mich meinen Schnee auf sein Grundstück drauf-
fräsen. Also das schon. Aber sonst, zum Beispiel, bringt er es fertig,
und das bringt er tatsächlich, wenn's saukalt ist – minus zehn,
zwanzig Grad –, es kann ihm gar nicht kalt genug sein, dann be-
gibt er sich in seine eiskalte Garage, vollkommen unbeheizt, be-
steigt sein eiskaltes Auto, dann fährt er weg und lässt das Tor der
Garage sperrangelweit offen und riskiert dabei voll, dass ihm dabei
die Hunde reinscheißen. Auf deutsch gesagt, das ist der Dr. Brezner. Sie wollen wissen, was der für ein Auto fährt? Einen Japaner,
mehr brauch ich nicht hinzuzufügen. Meines Erachtens bräuchte
der doch gar keine Garage, was der bräuchte, wäre eine Schredder-
anlage. Zum Recyceln. Aber was meine Garage angeht, muss ich
sagen, war meine Frau von Anfang an etwas obstinat, ja, weil sie
immer lamentiert hat. Ich habe aber gleich gesagt, bitte, wir können die Sache diskutieren, aber ich habe gesagt, klare Verhältnisse,
eines muss für alle Mal klar sein. Ich baue in meinem Leben nur
noch einmal eine Garage, ich baue keine zweite Garage mehr.
Aber wenn ich schon eine Garage baue, dann ist das auch eine
Garage. Und eine Garage, die dem Namen Garage gerecht wird,
das geht bei mir los bei der Ausstattung. Beim Equipment. Ja,
wenn ich schon eine neue Garage baue, da kommt mir doch beispielsweise keine Billigfliese herein. Sondern da kommen mir Fliesen hinein, wo man sagt: *Hallo, das sind Fliesen!* Und deshalb habe
ich auch diese portugiesische Fliese installiert, mit diesem arabi-
schen Muster. Freilich 640 Mark der Quadratmeter. Aber bitte,
das sind Fliesen, die kann ich mir dann in zwei- oder dreihundert
Jahren auch noch anschauen, und dann habe ich zu meiner Frau
gesagt, weil sie da auch wieder herumgenörgelt hätte, da habe ich
gesagt, moment amal, bitte, wenn ich schon eine 640-Mark-Fliese
von dieser Qualität in meine Garage installiere, dann kommt mir
selbstverständlich auch eine Bodenheizung in meine Garage. Warum eine Bodenheizung? Das kann ich selbstverständlich erklären. Erstens einmal, wenn man ehrlich ist zu sich selbst, wenn
man aufrichtig ist, wenn man wirklich aufrichtig ist, dann wird
man zugeben, man ist im Grunde seines Lebens viel häufiger in
seiner Garage, als man zuzugeben bereit ist. Mal was einladen, mal
was ausladen, oder auch sonst, es gibt immer Gründe, sich in einer
Garage aufzuhalten. Außerdem bin ich selbst sehr empfindlich für

Erkältungskrankheiten. Wenn es irgendwo ein bisschen zieht, schwupps, hab ich schon wieder rheumatische Beschwerden. Was habe ich nicht an Ascorbinsäure gefressen, was habe ich nicht an Vitamin-C-Tabletten geschluckt, was habe ich nicht Geld in die Apotheke geschleudert. Bitte, sagen Sie einmal Kartarrh, sagen Sie ruhig einmal Karrtarrh. So, jetzt sage ich Ihnen einmal etwas – Katarrh – was ist das, ein Karrrtarrrh? Aber das sage ich erst, seitdem ich eine Bodenheizung in der Garage habe. Außerdem habe ich zu meiner Frau noch gesagt, weil sie auch da schon wieder so ein Gesicht gemacht hat, nein, wer Alpha sagt, der sagt auch Omega. Auf die sechzig Quadratmeter Auffahrt vor meiner Garage kommt es mir nicht mehr drauf an. Da kommt mir ebenfalls eine Bodenheizung rein. Warum eine Bodenheizung unter die Auffahrt? Das kann ich Ihnen leicht erklären. Unsere Jasmin fährt jetzt seit zwei Jahren mit einem Führerschein herum. Und unser Jüngster, der Jean-Claude, der ist jetzt elf Jahre alt. Also dann rechnen Sie mal mit. Sehen Sie, noch sieben Jahre, dann hat der Jean-Claude ebenfalls den Führerschein. Ja, wir wissen doch heute noch nicht, was diese Jugend morgen vorhat. Was geht durch die Köpfe dieser jungen Menschen? Wir können doch von jetzt nicht gleich auf die Zukunft schließen. Was wollen diese jungen Menschen einmal? Wohin geht der Trend? Und überhaupt diese Jugend. Wohin geht diese Jugend? Vielleicht wollen sie einmal das Auto gar nicht in die Garage stellen? Bitte! Dann sage ich, verdammt noch mal, dann lasst doch das Auto einfach vor der Garage stehen! Scheißegal, aber dann habt ihr auf alle Fälle einmal die Reifen warm. Ich habe die Logistik für die Garage wirklich durchgecheckt. Nur damit Sie einen Vorgeschmack haben: Also, in meiner Garage, da habe ich eine Stereoanlage, aber *das* ist wirklich eine Stereoanlage. Wenn einmal Festivitäten sind oder Firmungen, und die Garage hat eh schon eine gute Akustik – eine Kassette rein, mit diesem Musikantenstadl, und ab geht die Post. Ich habe in meiner Garage eine Espressomaschine, ich habe in meiner Garage ein Urinal, mit dieser Leifheit-Schnellspülung, ja bitte, wenn es mich zwickt, geh ich doch nicht vor die Tür und piesle meinem Nachbar Dr. Brezner vor die Haustüre, und dem seine Frau schaut dann zu. Ich habe eine Wand der Garage verspiegelt, das gibt der Garage räumlich noch eine Dimension. Meine Frau sagt, ein Hauch von Versailles, aber sie übertreibt ja immer. Aber letztes Jahr habe ich in meine Garage einen Adventskranz gehängt, um etwas adventliche Stimmung zu verbreiten, nicht schlecht, nur dieses Jahr kommt mir mit Sicherheit ein Christbaum in die Garage, fünf Meter hoch, eine Nordmanntanne, die wird total elektrifiziert, und wenn ich dann nach Hause fahre, dann switche ich vom Auto aus, der Bewegungsmelder meldet mich, der Sensor, und langsam öffnet sich das Tor meiner Garage, ich fahre langsam in meine Garage hinein, der Christbaum brennt, aus der Stereoanlage tönt *Vom Himmel hoch, da komm ich her*, da weiß ich dann, jawoll, in dieser Garage, da ist Weihnachten. In dieser Garage, da bist du daheim.

Gemütlichkeit

Gemütlichkeit, das ist die Relation Zeit, Bier und Geld. Zeit, wenn man bedenkt, wie es früher zeitaufwendig war, zeitintensiv, direkt zeitfressend, bis eine Gemütlichkeit in unserem Sinne überhaupt erst hergestellt werden konnte. Früher, da musste man oft ganze Nachmittage, Abende, ja oft über Mitternacht hinaus in Wirtshäusern verbringen, bis sich eine Gemütlichkeit in unserem Sinne langsam, zäh, sirupartig zu ihrem Zenit hin entwickeln konnte. Heutzutage geht das Gott sei Dank viel schneller, eine Gemütlichkeit herzustellen, weil wir verfügen über die Ad-hoc-Gemütlichkeit oder, wie sie auch jetzt genannt wird, über die Instant-Grübigkeit. Und vom Geld her, es ist noch nicht lange her, da konnte man in einem Wirtshaus ein Bier, sagen wir, für eine Mark fünfzig erhalten. Heute allerdings, in einem original Altmünchner Bistro, zahlt man approximativ sechs DM für ein Bier, also, man sieht, heute ist es circa viermal so gemütlich wie früher. Warum das so zeitfressend war früher, so zeitaufwendig? Ich glaube, man beherrschte das früher noch gar nicht. Ein Bier einfach so bestellen, zahlen, trinken und dann gehen. Ich vermute, der Zeitverlust entstand früher beim Trinken selbst. Der Trinkvorgang früher, die Prozedur des Trinkens als solche, war ein mehr retardierter Prozess. Ich versuche ein Beispiel: Früher, allerdings sehr früher, man befand sich unter einem herrlichen Kastanienbaum bei circa siebenundzwanzig, achtundzwanzig Grad Außentemperatur in einem wunderherrlichen Biergarten auf erdbebensicherem Gebiet. Man schnauft durch. Herrlich! Man war in Sicherheit. Diese Ruhe, diese Natur, man seufzt, leise fächelt der Wind durch die Kastanienblätter. Der Hypophysenlappen im Hinterkopf bewegt sich nur noch langsam, sporadisch, wie ein Segel in der Flaute. Eine äußerst angenehme Blutleere im Kopf macht sich breit und verschafft einem eine inwendige Tranquilität. Man blickt anhaltend in die Ferne, aber man erkennt nichts. Irgendwann dann, oder auch ein bisschen später, propellert gemächlichst ein Maikäfer vorüber. Summ, summ, summ, summ. Der Maikäfer grüßt, man grüßt zurück, weil man kennt ihn ja persönlich. Wohin des Wegs, Kamerad? Eijeijei. Wieder ins Pommernland? Ach, das ist ein Moment, da denkt man dann an etwas Schönes. An etwas Erhabenes im Leben, vielleicht an die Schlacht von Verdun. Die Schlacht von Verdun aber macht Durst. Oha, ein Erkenntnisprozess bahnt sich an. Bedächtig greift man zum Krug und führt denselbigen moderat, aber zielsicher zum Kopf. Niemals mit dem Kopf zum Krug – und plötzlich hält man inne. Es könnte jetzt vielleicht noch irgendein Gedanke daherkommen. Nein, das ist unwahrscheinlich. Das ist die Gemütlichkeit.

Die Zeit

Zeit ist Zeit.
Ist Einheit für Gemütlichkeit.
Wäre Gemütlichkeit
dreitausendsechshundert
Sekunden in Zeit,
für wie viel Gemütlichkeit
bliebe dann Zeit?

Zeit plus Zeit ist mehr Zeit.
Brot plus Zeit ist Brotzeit.
Zeit mal Zeit ist Mahlzeit.

Der Maikäfer dreht
um den Tisch eine Runde,
Du weißt nicht das Jahr,
Du kennst nicht die Stunde.

Die Kastanie im Biergarten blüht,
freue Dich,
Du bist auf erdbebensicherem Gebiet.

Das ist die Wurzel aus Zeit.
Das ist per Saldo – Gemütlichkeit.

Über Karrieren

Sobald jemand nach eingehender Beschäftigung mit Byzantinistik oder Assyrologie und nach gründlicher Kenntnis des angemessenen Verzehrs eines Wiener Schnitzels den Beruf des Bootsverleihers ergreift, ist das in der heutigen Zeit ein Schritt, der mehr denn je den dramatischen Veränderungen in unserer Arbeitswelt gerecht wird.

Geschmeidigkeit im Empfinden und innere Tranquilität zeichnen ihn aus.

Sollte durch Maastricht und wegen einschneidender, fortschreitender Streichung von Feiertagen die Idee der Sommerpause verblassen, so ist der Bootsverleiher anpassungsfähig genug, den Winter durch Schlittschuhverleih in eine neue Phase der Prosperität zu führen.

Der Bootsverleiher entlässt das Boot mit einem festen Fußtritt in die Weite des Sees. Auf die Benutzung von Ellenbogen ist er nicht im Geringsten angewiesen. Selbständig und frei, niemals zu falscher Loyalität verführt, entfaltet sich der stabile Charakter des Bootsverleihers ausschließlich bei privaten Aktivitäten wie zum Beispiel Brotzeitmachen oder Zeitunglesen.

Niemals lässt sich der Bootsverleiher auf ein Intrigenspiel ein, um Oberbootsverleiher zu werden, da dieser Titel schon seit mehr als viertausend Jahren hinfällig geworden ist.

Der Bootsverleiher, der seinen Beruf mit Hingabe und Enthusiasmus ausübt, sitzt niemals im selben Boot!

Ich sage hiermit entschieden »Ja« zum Bootsverleih, dem, wie ich meine, eine glänzende Zukunft winkt!

SOZIALABBAU UND
NEUE KRIMINALITÄT

Die Verteidigung der Gummibären

Es war der zweite Samstagabend im Advent. Ein grauer Tag war's. Leichter Schneefall. Ausflugsverkehr war nicht mehr viel, da hab ich mir gsagt, nein, heute sperrst du deine Tankstelle früher zu, weil wenn wirklich einer noch ein Benzin will, dann soll er doch auf die Autobahn fahren. Müssens nicht immer bei mir tanken. Wie gesagt, Advent war's, und ich hab die Notbeleuchtung eingeschaltet und bin dann gleich rein ins Haus. Samstagabend, meine Frau war schon im Bett, und wenn im Fernsehen nichts ist, dann nimmt sie ein Pulverl, und – ssssst – dahin gehts. Im Haus war eine himmlische Ruhe. Ich hab mich dann hingesetzt und habe dann mit dem Schnitzen begonnen, weil ich schnitze sehr gerne, und Sie wissen, wenn Advent ist, dann ist der heilige Abend unvermeidlich. Irgendwas soll ja doch unterm Baum sein, hab ich gedacht. Also hab ich ein Kripperl geschnitzt und einen Stall von Bethlehem, Ochs und Esel, auch einen kleinen Jesi, den Stall hab ich selbst elektrifiziert. Natürlich hätt ich auch ein fertiges Kripperl kaufen können im Kaufhaus, ein Bethlehem-Set, aber ich hab mir gesagt, nein, das schnitzt du selber, das ist doch viel persönlicher. Und wie ich da so beim Schnitzen bin, dem Herodes hab ich gerade die Ohrwaschl herausgeschnitzt – da muss man schon sehr sorgfältig sein, sonst schaut der Herodes aus wie eine Fledermaus –, da vernehm ich plötzlich so ein Geräusch, so gleichmäßig, so klackklackklack … Ich denke noch, ja Herrschaft, das ist ja ein Geräusch! Jetzt bin ich neugierig geworden. Ich steh auf, geh zum Fenster und schau hinaus – was seh ich da? Nichts. Jetzt schau ich deutlicher, da auf einmal, da seh ich, wie zwei Gestalten schemenhaft an meiner Tankstelle am Gummibärliautomaten herummachen. Ich denke noch, das gibt's doch nicht, da machen zwei Gestalten an meinem Gummibärliautomaten an meiner Tankstelle rum, daher das Geräusch, klackklackklack. Na ja, ich bin dann in den Keller runter, weil, das können Sie nicht wissen, ich habe ja meinen Gewehrschrank unten im Keller, seit wir diese Asylanten da haben, vorne an der Türe, und bin langsam hinuntergegangen, weil ich noch sinniert habe: Welches Kaliber nimmst? Ich habe

mich dann für das Gewehr mit dem kurzen Lauf entschieden. Das
hab ich dabeigehabt vor zwei Jahren, als ich mit dem Alischer Bebs
in Kenia war. Das hat eine gute Streuung, und da kann man zwei
Elefanten zusammenspannen, und es schießt durch wie durch
Marmelade. Ich bin dann wieder zurückgegangen zum Fenster
und habe hinausgeschaut. Da waren die Gestalten immer noch
am Gummibärliautomaten. Auffallend war für mich, auch im
Nachhinein noch – einer von diesen Gestalten hat eine weiße
Jacke oder einen weißen Anorak an, sodass ich mir noch gedacht
habe, komisch, wenn ich schon bei fremden Leuten Automaten
knacke, dann zieh ich doch keine weiße Jacke an. Für mich selber
war es aber von Vorteil, weil ich ihn gut gesehen habe. Den mit der
weißen Jacke habe ich voll im Visier, ich zieh durch, patschbumm,
Blattschuss, Volltreffer, den hat es gleich einahalb Meter in die
Höhe geschnalzt, und dann ist er wie ein Sandsack runtergefallen.
Der war erledigt, der war perdu, der hat keinen Pfiff mehr gemacht, nicht so wie der andere, weil der hat dann geschrien, der
hat geplärrt wie ein Jochgeier. Das wird mir unvergesslich bleiben,
wie der geschrien hat: Mami, Hilfe, Hilfe! Da hab ich mir gedacht,
ja, mein Freund, dir helf ich schon. Und bin mit dem Gewehr
hinunter. Da wollt der sich verstecken, der Kerl. Hinter einem
Ford-Kombi wollt er sich verstecken. Da hab ich gesagt, Freund-
chen, mich ziehst du nicht an der Nase herum. Aus mir kannst du
keinen Affen machen, da musst du früher aufstehen. Da schieß
ich durch den Motor durch, und dann schauma weiter. Und ich
hab auch abgedrückt, und es hat ihn auch erwischt, aber nur einen
Lungenstreifschuss, und er hat's auch überlebt am Ende. Sie
können sich vorstellen, was dann los war. Polizei und das übliche
Pipapo. Aber nur damit Sie Bescheid wissen, was da heute los ist,
was da vor sich geht. Der mit der weißen Jacke, der Kerl, sage und
schreibe noch keine fünfzehn Jahre, und der andere noch keine
sechzehn. Jetzt kommen Sie … Aber der Hammer kommt erst.
Passen Sie auf, es vergehen zwei Wochen, drei Wochen, bitte legen
Sie mich nicht fest … Jetzt bekomm ich einen Schrieb vom Land-
gericht, meine Frau legt ihn mir noch vor. Ich denke noch, klar,
das ist jetzt die Vorladung in dieser Angelegenheit, dass ich er-
schcinen soll als Zeuge, das hab ich gedacht. Krieg ich doch glatt
eine Anklage, und es findet sich tatsächlich ein Richter, was heißt

Richter, ein Richterlein, ein junger Kerl noch, wahrscheinlich hat er gerade ausgelernt gehabt, der mich zu sage und schreibe achtzehn Monaten, zwar mit Bewährung, aber verurteilt. Natürlich geh ich in Revision, aber ich frage mich, wo befinden wir uns denn, was ist denn das für eine Gesellschaft, wo wir heute sind?! Ist das ein Rechtsstaat, ist es das Deutschland, das wir gemeinsam aufgebaut haben? Ich weiß es nicht, vielleicht wissen Sie's. Ich nicht.

Hausmeistersorgen

*Wollnschläger kommt mit Blaumantel und einer fast leeren Plastik-
tüte auf die Bühne. Man hört einen Rotkreuzwagen davonfahren.*

Da, jetzt fahrns 'n weg. Der Herr Gansl von der Versicherungs-
verwaltung. Mei, er hat irgendwie an falschen Huat aufghabt …
Sie, i hab jetz koa Zeit, weil heut is wieder Montag.
   Geht ein paar Schritte, bleibt wieder stehen. Am Montag is
immer am schlimmsten … Wochenende, diese Langeweile – is
aber aa wirklich nix los da heraußt im Block, im Grunde versteh
ich's ja, net, und dann passieren diese Sachen …
   Arbeitsdienst und so hat ma heut nimmer, Stoabruch is aus der
Mode, na machens alle Kraftsport, so Bodybuilding, essen diese
Kraftnahrung, so Proteine – und irgendwo muss ja die Kraft hin.
Mei Frau hat an ganzn Vormittag putzt, alles voller Blut. Der von
der Versicherung war da, um den Schaden aufzunehmen, den
hams auch aufgmischt. Zu zwölft warns, da hab ich mich lieber im
Hintergrund ghaltn. Er, der Herr Gansl, hat an Hut aufgabt, der
dene net gfalln hat … Manchmal könnt ma meinen, mir san im
Krieg. – As Blut putzts no lieber weg, wie wenn s' alles vollspeibm
und vollscheißn. Da, diese Wand da, die is jetz innerhalb von vier
Monaten siebenmal gweißlt wordn, das heißt, jetz wieder as siebte
Mal, i woaß aa net, was an der Wand is. Irgendwas gfallt dene net,
is doch a ganz a normale Wand. Da sprühens umanand und
schmierns an Scheiße hin, dabei is's a Wand wie jede andere,
oder? – Sie, da war a Blutlachn, da muaß oana an Liter Blut verlorn ham, i woaß net, was s' mit dem gmacht ham, geht mi aa nix
o, nur, mir müssen halt immer hinterherputzn. Dabei hat d' Versicherung, dene ghörn hier diese Blöcke, jetz hams extra diese vandalensicheren Aborte her. Mir hat noch der Herr Gansl von der
Versicherungsverwaltung da, den wo s' jetz grad weggfahrn
ham … »Wenn's so schlimm is«, sagt er, »Herr Wollnschläger, tun
mir halt diese vandalensicheren Toiletten her.« Die ham ein
Schweinegeld kost. Aber irgendwas hat dene an dene net gfalln.
Na hams es, mit Spezialfeiln und so Zeug hams as probiert. Zwei-

mal sans irgendwie neikemman, na hab i mir denkt, jetz fangst dir oan von dene. Na hab ich a Falle gebaut. Wissen S', da is am Schloss so a Spezialhakerl, was nur in oa Richtung aufgeht, und sonst muaß ma an Schlüssel ham. Des Schloss hab ich umgedreht, verstehn Sie, also, wenn er drin is, schnappt's zu, und er kimmt nimmer raus, praktisch wie a Hauseingang, bloß umgekehrt, Einbahnstraße, Sackgasse sozusagen. Gut, bei mir geht der Alarm, denk ich mir, haut scho, jetz hab ich ihn. Hab i mir noch zur Sicherheit mei Kleinkaliber mit, ich war noch im Lift, na hör ich einen Schnalzer, wie im Krieg. Ham ihn seine Kollegen, ham ihn rausgsprengt. Feuerwehr war da, acht Löschzüge, a guate Stund bin ich im Lift gsteckt, sämtliche Sicherungen, Panzersicherung, ois hat's nausghaut, sogar im E-Werk war was kaputt. Der Kerl selber war natürlich auch halbert hi. Verbrennungen dritten Grades, und beide Trommelfelle platzt, obwohl des fast Wurscht is, weil de san eh alle halb taub. Sie, es war, wie s' as im Fernsehn zur Zeit oiwei in de Nachrichtn bringan. Aber bei solchane Schäden dieser Kategorie, des macht dann der Gansl mit seim Bautrupp, den wo s' grad weggfahrn ham, während des Gschmier an de Wänd, solche Sachen … Oder neulich, hab i a Fehlgeburt gfundn, im Radkeller. Kimm i in'n Radkeller, denk i ma, da riacht doch was – *schnüffelt* –, irgendwas riacht da. Flackt da a Fehlgeburt! Glei ogruafn und gsagt, Sie, bei uns im Radkeller flackt meines Erachtens a Fehlgeburt. Sans kemma und ham gsagt, ja, ja, des is a Fehlgeburt … Und mei Frau muss wieder hinterherwischen.

Ist fast am Gehen. Wissen S', wenn s' hinten de Mülltonnen abfackln, des macht der Toni vom Komplex E, des berührt mich weniger, i schaug halt, dass as Feuer net daher übergreift, weil die arbeiten ja mit Molotowcocktails und alle Schikanen, und d' Leut, weil s' an Rauch sehn, wenn s' d' Polizei rufen oder d' Feuerwehr, geht nix, weil die Zellen net gehen. Jetz ham mir scho extra diese vandalensicheren Telefonhäusln, i woaß aa net, was, gega de ham, de san heut so ausgerüstet, de ham vom Vorschlaghammer bis zum Presslufthammer, ham die ois dabei. Jetz hat des brennt, jetz hab i mit der Schaumkanone neimüaßn, obwohl, da wart ich jedsmal, bis's wirklich gscheit brennt, weil des is hinterher immer eine furchtbare Sauerei, der Müll und der Baz und der Schaum und des is ois durchanand, zum Putzen kein Vergnügen, sag ich Ihnen. Es dauert eh immer, bis ich hingeh, weil ich setz oiwei mein Helm auf. Weil manchmal schießens von die Dächer mit ihre Zwistln, so Stahlschleudern, des san solchane Kaliber!

Also, vor dreizehn Jahr, wie mir da einzogn san, hätt des koa Mensch denkt, dass des sich so entwickelt, da warns noch so kloa, hams in d' Windln gschissen, und jetzad ... Oana hat erst d' Frau Niedermeier d' Treppn obilassn. Obwohl, bei der Frau Niedermeier wundert mich des gar net, weil ich hab's ihr a paarmal gsagt, also mehrmals hab ich ihr gsagt, Frau Niedermeier, sag ich, tun S' sich mit dene nicht anlegen, diese jungen Leute sind Argumenten nicht zugänglich. – De Wohnung wird grad renoviert, da kommen jetzt, so a Zivilwache soll neikemma, wird aa höchste Zeit, weil, schaung S', am Samstag, nach'm Fußballspiel, ein Mordstumult, sans halt amal aufanander selber losgangen, da heißt's, Herr Wollnschläger, an die Front! I nimm mei Kleinkalibergwehr, setz mein Helm auf, sans scho alle davo, nur oana is no umanandgschlichn und hat bluat wia d' Sau, na sag i, schaug, dass d' weiterkimmst, da wird net umananderbluat, sag i, i hab dann wieder de Sauerei da herin, na sagt er, naa, er suacht sei Ohr. Kaafst dir halt a neue Uhr, und jetz schleichst di, sog i, sagt er, naa, sei Ohr, sei Ohrwaschl moanta, is abhanden, des hat eahm da anda obigrissn, denk i mir, wuist aa net aso sei, huifst eahm suacha. Mir suachan so umanand, er wird oiwei nervöser, kimmt d' Familie Sönkes mit eahnam Hirtenhund. Der Hund hat gschnufflt, und de ham so a lange Ausziehleine, de so länger wird, wissen S', na sag i, Frau Sönkes, gehnga S' nauf mit Ihrm Barri, haltn S' Ihren Barri fest, weil mir suchen hier ein Ohrwaschl. Der ander is natürlich kasweiß wordn, wie er 'n Hund gsehng hat. Es war dann unklar, hat der Hund jetz des Ohrwaschl derwischt oder net, mir ham's jedenfalls nimmer gfundn. Der ander is na gangen, der hat noch a Verabredung ghabt, d' Frau hat natürlich wieder hinterherputzt, und heut find ich das Ohr unter der Gummimattn bei de Briefkästn. Ich hab gmoant, a Orangenschalen, und jetz hab ich's. *Schaut in die Plastiktüte.* Aber ich glaub, des kann ma nimmer verwenden. *Schnuppert, hält dann die Tüte in Richtung Publikum.* Da, riechen S' amal. *Richt selber noch mal.* Des ko ma nimmer verwenden, i glaab, i hau's in'n Abfall. *Geht los, hält noch mal an.* Aber i sag Eahna des oane: Der Wohnwert in dieser Anlage is in de letzten Jahre beträchtlich gesunken.

Zeitzeichen

Würden Sie mir verzeihen? Die Devise der Zeit heißt doch: *Verzeih mir!* Verzeihen liegt voll im Zeitgeist. Dieser Geist ist einer alten Geisterbahn entlaufen und vermutlich nicht so viel wert wie ein Himbeergeist. Diesen braucht man nicht zu beschwören, aber andere Geister, die jetzt Zeichen setzen, wie die Justizministerin a. D. Sie *weint,* weil ihr ständig die Dankbarkeit ausgekommen ist. Tränen sind ein Zeichen der Rührung, und unsere Zeichner haben leider, und das ist ein historisches Manko, versäumt, die Berghofer-Weichner zu karikieren, wie sie stets einen Anlass für Dankbarkeit abgegeben hat. Ein dankbares Objekt für Karikaturisten haben wir schon lange kaum mehr in unserer Politikermenagerie gehabt. Hoffentlich verzeiht man uns die Schlamperei.

In der Mode, als Zeichen großer Aufgeschlossenheit, hat sich der Sommerstoiber durchgesetzt, ein Signal für Tradition und Bodenverwurzelung. Man ist mit absoluter Mehrheit davon überzeugt, jedem zu verzeihen, wenn er das Maul hält und beschließt, Majorität zu bleiben.

Sicher wird bald ein Tarif eingeführt für ordnungsgemäßes Verzeihen. Ich wollte auch schon anfangen zu verzeihen, als Zeichen des guten Willens, nämlich dem Bayerischen Rundfunk, weil er sein Sendezeichen mit einem Synthesizer ins Traditionsgebiet hineinbieselt, aber ich habe ein Hackbrett vor dem Hirn und denke mir – nein, dem Bayerischen Rundfunk verzeihe ich nichts, jedenfall nicht diesen akustischen Urin, der ein Zeichen der Zeit ist.

Der neue Wirtschaftsminister Wiesheu hat uns aber schon verziehen, dass wir alle keinen Bayerischen Verdienstorden haben. Aber den kriegt halt wirklich nicht jeder, sondern nur wer chronische Verdienste aufzuweisen hat. (Zum Beispiel, wenn man frühzeitig Grundstücke erwirbt, wo dann später ein Flughafen hinkommt.) Es heißt zwar, unerbittlich sucht der Orden seinen Träger, aber ein gutes Leumundszeugnis ist die Voraussetzung, und das kriegt man *nur,* wenn man nicht vorbestraft ist.

Jedenfalls mit den Spitzen im Wirtschaftsministerium (*Ökonomie* und *Gastronomie*) ist ein Zeichen gesetzt worden. Verzeihen

Sie, wenn mir gleich die Tränen der Rührung kommen bei so viel Dankbarkeit. Die Zeichen der Zeit liegen herum wie Konfetti im Rinnstein am Aschermittwoch, wenn es regnet, und unaufhaltsam werden sie in den Gully gespült.

Dem Karl Valentin, glaube ich, haben sie schon längst verziehen, dass er kein Mitglied der Narhalla war, und die Stadträte gehen auf den Viktualienmarkt und spielen Liesl Karlstadt und Karl Valentin, um zu beweisen, dass diese Narren waren, sie selber aber deren Freiheit hätten. Herrgott, das ist doch ein Zeichen für Volksnähe. So urig und originell wie die städtischen Friedhöfe, sind sie auch ein Zeichen dafür, wohin uns die Zeit schon gebracht hat. Ich hoffe schon, dass ich mich korrekt ausdrücke, wenn ich sage, die Zeit hat uns im Griff.

Ist es nicht so, dass, wie unser Bundespräsident es formuliert hat, einmal eine dunkle, schwere Zeit über uns gekommen ist. Dass er selber auch über uns gekommen ist, wollte er damit sicher nicht sagen. Die Zeit kommt und geht wie der Föhn – manche kriegen Kopfweh, andere merken's nicht, und die Karikaturisten malen immer wieder einen Wetterbericht.

Der nächste Winter kommt bestimmt, und beim Loden-Frey wird schon der Wintertrachtenstoiber in die Kollektion aufgenommen. Was Warmes mit Tradition.

Gerade wollte ein Sportclub für ein Sommerfest eine Negerband engagieren, »amal was anderes«. Ein Sportfreund riet, dies gleich in der Zeitung zu annoncieren, aber ein anderer, der die Zeichen der Zeit erahnte, warnte: »Nein, schreibts es nicht in die Zeitung, dass wir eine Negerband mit echten Negern haben, sonst kunnt's ebba sei, dass des a Skinhead liest und uns dann unser Sportheim ozündt.«

Und weil Verzeihen heute im Trend liegt, möchte ich Ihnen versichern, dass ich Ihnen – jedenfalls bis zum nächsten Mal – verzeihe, außerdem vermute ich, ja ich verfüge über eine beinahe abgesicherte Ahnung, dass wenn Sie den ausstellenden Karikaturisten ein Bild abkaufen für echtes Geld, diese Ihnen Ihr Vorhaben durchaus verzeihen.

Wer sich in diesen Zeiten ein Bild kauft, der hat die Zeichen der Zeit verstanden.

PS: Übrigens, der Kulturreferent hat versichert, dass er sich jede Nacht demonstrativ mit einer Fackel in der Hand vor einen städtischen Friedhof stellen wird, um gegen die bestehende Friedhofsordnung zu demonstrieren.

Stronzo-Stronzata

Ein Mann – M – hält einen Brief in der Hand, der noch ungeöffnet ist. Er doziert über Geldmangel – er kann das Öl für die Heizung nicht zahlen, schon die dritte Mahnung! (»Ich heize doch sowieso nur, wenn's saukalt ist.«) Den Elektriker zahlt er sowieso nicht, weil dieser ein Pfuscher ist. Das Auto draußen steht – es bräuchte eine neue Batterie, aber es ist leider auch kein Benzin drin, und ohne Geld kann er nicht tanken. Die Kreditkarte und ihr Wert ist, weil ein Komplott der Bank vorausgeht, umstritten.

Endlich öffnet er den Brief – liest schnell hinweg und bleibt plötzlich stehen. Der Brief ist vom Nachbarn, und dieser bezeichnet ihn als einen Scheißhaufen. M ist begeistert: Eine Beleidigung! Scheißhaufen – das bringt auf dem Klageweg Geld. M rechnet – wie viel kann es werden: 10 000, 15 000 oder 50 000? M ist enthusiasmiert: »Ich bin ein Scheißhaufen« – toll –, »und ich hab es schriftlich.« M ist ein gemachter Mann.

M doziert über die menschlichen Schwächen seines Nachbarn, der beispielsweise Laub auf seinem Grundstück einfach liegen lässt, und M folglich ein versautes Grundstück hat. Ms Ehefrau bringt einen Brief herein und geht dann ab. M liest dem Publikum den Brief vor, der von Verbalinjurien nur so sprüht. M ist begeistert: Er ruft seine Frau, sie soll den Anwalt anrufen und fragen, was eine Beleidigung wie »Scheißhaufen« kostet …

Ms Frau erkundigt sich.

M liest noch einmal die Beleidigungen und lässt sie sich im Munde zergehen.

Ms Frau muss noch mal Erkundigungen einziehen.

B tritt ein, und M liest ihm den Brief vor.

M ist begeistert, er ist ein gemachter Mann. Er stößt mit B an – eine Flasche Sekt auf den Nachbarn. Ms Frau kehrt entzückt zurück und nennt wieder eine neue Summe, die ihr der Anwalt genannt hat – man denkt darüber nach, was man mit dem Geld alles unternehmen wird.

Plötzlich: Tatütata, ein Krankenwagen – es stellt sich heraus, dass der Nachbar gestorben ist.

M und Ms Frau schimpfen und verunglimpfen den Nachbarn, dessen Brief nun nichts mehr wert ist – der Nachbar ist ein Scheißhaufen.

MEDIENKULTUR
UND KULTURSPONSORING

Disagissimo

Herr Pflanzl, Direktor der Kreissparkasse
Herr Pfeiffer, Presseheini
Herr Schmitz-Zeiszyk, Künstler
Herr Spitzer, Musiker

DIREKTOR   Wenn wir Asylanten und Flüchtlingen einen Bausparvertrag verkaufen, dann können Sie sicher sein, dass wir von der Sparkasse uns dabei etwas überlegt haben. Dieser Kundenkreis ist natürlich etwas mobil – aber selbst nach einer erfolgten Ausweisung hat die Sparkasse doch bewiesen, dass sie auch in ambulante Personen ein hohes Maß an Vertrauen setzt. Es wird unsererseits niemand gezwungen zu bauen. Aber allein der Wille zum Bausparen für sich ist doch lobenswert, aber diese – entschuldigen Sie den Ausdruck –, diese Scheißpresseheinis machen daraus eine Affäre und – ach ja –, da sind Sie ja – das ist der Herr Pfeiffer, gell – von der Heimatzeitung …

PFEIFFER   Ja, Pfeiffer …

DIREKTOR   Ja gut, Herr Pfeiffer – also es geht um Folgendes –, in Stichworten – Sie wissen, Deutsche Bank – Dresdner Bank – Hypo haben neben der sattsam bekannten Sportförderung – Kunst und Künstler – vor allem auf internationalem Niveau gefördert. Und sie haben ihre Chefetagen mit allem Möglichen gepflastert – von Chagall bis Ding … na ja, Sie wissen schon, die Modernen halt. Und wir, Herr Pfeiffer, und das ist unsere Philosophie, also die Philosophie der Kreissparkasse – wir wollen ebenfalls eine Förderung ermöglichen, ein Sponsoring, aber, Herr Pfeiffer, für unsere Künstler vor Ort. Wir wollen der Kunst die Wege ebnen – Geld und Kunst, das ist heute kein Widerspruch mehr. Wir wollen, dass hier bei uns der Künstler einen Katalysator findet, einen Freund, der ihn bei der Hand nimmt und ihm sagt: »Ja, es ist jemand da, der weiß, eine lebendige Heimat existiert nur da, wo deine Kreissparkasse mit ihrem Knowhow dir ein Signal setzt« –

und das Ganze … also, die ganze Aktion heißt und steht unter dem Motto:

»Kreissparkasse meets art«.

Pfeiffer notiert: »Kreissparkasse meets art«.

Genau, Kreissparkasse meets art.

PFEIFFER   Genau.

DIREKTOR   Ich werde dann eine kurze Rede halten und unseren Künstler, den Herr Schmitz-Zeiszyk, vorstellen – übrigens müsste der schon längst da sein … Also, ich stelle sein Werk vor, das heißt, also, er nennt's: »Risse in der Gesellschaft« …

Pfeiffer notiert: »Risse in der Gesellschaft«.

Haha, mein Gott, na ja, Sie wissen schon, diese Künstler … also, ich selber hab das Werk noch gar nicht angeschaut, aber ich, für mich ist so was sowieso nichts … also, in mein Zirbelstüberl kommt so was eh nicht hinein, aber, Herr Pfeiffer – bitte, in Ihrem Artikel wäre es schön, wenn vor allem darauf hingewiesen wird, dass die Aktivität der Kreissparkasse gewürdigt wird, als Mäzen und so – also hervorgehoben wird. Und ich übergebe dann auch den Scheck an den Schmitz-Zeiszyk in Höhe von fünftausend Mark.

PFEIFFER   Ja, ich mach dann ein schönes Foto von der Scheckübergabe.

DIREKTOR   Genau, der Scheck im Mittelpunkt, und Sie sagen mir dann, wie ich den Scheck halten soll.

PFEIFFER   Jetzt hätt ich aber noch eine Frage.

DIREKTOR   Bitte, Herr Pfeiffer.

PFEIFFER   Warum kriegt der Schmitz-Zeiszyk die fünftausend Mark?

DIREKTOR   Ja, lesen Sie Ihre eigene Zeitung nicht? Wer hat denn dann den Artikel geschrieben?

PFEIFFER   Das war sicher der Chef.

DIREKTOR   Natürlich, das war Ihr Chef, der Herr Ammesmeier.

PFEIFFER   Da war ich in Urlaub.

DIREKTOR   Weil es ist doch so, der Schmitz-Zeiszyk, ob der ein guter Künstler ist, das übersteigt meine Kompetenz – wie gesagt, über Geschmack lässt sich streiten –, aber Schmitz-Zeiszyk ist seit Jahren finanziell am Paddeln – also, ich plaudere kein Bankgeheimnis aus –, er ist ständig unter dem, was wir als Kreissparkasse konzedieren können.

PFEIFFER   Steht der so im Wasser?

DIREKTOR   Was heißt da: im Wasser stehen? Der ist ein Tiefseetaucher, aber ohne Sauerstoffflasche – haha …

Pfeiffer will notieren, aber der Direktor hält ihn davon ab.

Aber es war unmöglich, ihn absaufen zu lassen, weil er ist ein enger Verwandter …

PFEIFFER   … von der Großbäckerei Furtner.

DIREKTOR   Sie sind ja doch informiert.

PFEIFFER   Ja, der Chef hat mir …

DIREKTOR   Also, jetzt standen wir vor dem Problem, was tun? Den Furtner fragen, ob er seinen Neffen auslöst, wollten wir diskretionshalber nicht, äh, also, dann, ich habe dann die Idee gehabt – also, wir von der Kreissparkasse haben gesagt, wir machen einen Wettbewerb: »Disagissimo – Kunst im Landkreis«, und mit Hilfe Ihrer Zeitung, also vom Herrn Ammesmeier selbst, der die Jury geleitet hat, war klar, den ersten Platz macht Schmitz-Zeiszyk und kriegt die fünftausend Mark, also den Scheck, und das Geld zahlen wir auf sein Konto bei uns ein, dann ist er wieder frisch, und unsere Kunstpromotion hat eine Öffentlichkeit, imagemäßig. Also, wir haben eine Fliege mit zwei Klappen geschlagen. *Zu Spitzer* Herr Spitzer, sind Sie soweit?

SPITZER   Ja.

DIREKTOR   Der Herr Spitzer gestaltet den musikalischen Teil der Vernissage und spielt eine eigene Komposition – wie heißt Ihr Arrangement, Herr Spitzer?

SPITZER   Inkasso.

DIREKTOR   Sehr gut. Ah ja, da kommt ja unser Künstler – unpünktlich sinds halt, die Künstler, aber vor allem, wenn s' unbekannt sind, weil wenn s' berühmt sind, brauchens nicht mehr pünktlich sein – haha. Sind Sie so weit, Herr Schmitz-Zeiszyk?

SCHMITZ-ZEISZYK   Ja.

DIREKTOR   Also, meine Damen und Herren – bevor wir also jetzt zur Enthüllung schreiten, spielt uns unser Herr Spitzer noch eine eigene Komposition vor – Inkasso …

Spitzer spielt. Nach einiger Zeit wird der Direktor nervös und applaudiert.

Danke, Herr Spitzer, für diesen Ohrenschmaus. Also, fangma an … Sehr verehrte Damen und Herren, bitte erlauben Sie, dass wir von der Kreissparkasse, Filiale Hausen, Ihnen heute unseren Künstler, den Herrn Schmitz-Zeiszyk vorstellen. Der Herr Schmitz-Zeiszyk arbeitet seit Jahren an dem Projekt mit großer Intensität – das Thema heißt: »Risse in der Gesellschaft«, und dieses Thema hat bei uns in der Kreissparkasse sofort die Alarmglocken klingeln lassen, und wir haben sofort spontan gesagt, ja, da ist einer unter uns, der den Finger auf die Wunde legt, was gerade in der heutigen Zeit so wichtig ist, dass einer einen Sensor hat, da wo es brennt und knirscht im Getriebe – der ein Gespür entwickelt hat für diesen erschreckenden Mangel an Mitgefühl, einer, der weiß, wo es hapert am Sozialen, äh, und an der Aufrichtigkeit. Und damit es zwickt, das Gewissen, das veranschaulicht uns der Herr Schmitz-Zeiszyk mit seinen aufwühlenden Darstellungen … *Zu Spitzer* Jetzt Tusch … und jetzt möchte ich das Kunstwerk enthüllen … *Applaus.* Und jetzt überreiche ich Herrn Schmitz-Zeiszyk den Scheck in Höhe von fünftausend Mark. *Zu Schmitz-Zeiszyk* Diesen Scheck brauchen Sie nicht, aber das Geld geht unmittelbar auf Ihr Konto.

PFEIFFER   Bitte, den Scheck höher halten – danke.

DIREKTOR   Die Kreissparkasse möchte hier noch einmal manifestieren, dass wir hautnah an der Kreativität, äh – bitte, Herr Spitzer!

PFEIFFER   *fotografiert* Ich hätte noch eine Frage, Herr Pflanzl.

DIREKTOR   Bitte, Herr Pfeiffer.

PFEIFFER   Wie lange geht denn die Ausstellung?

DIREKTOR   Ja heute, den ganzen Nachmittag bis siebzehn Uhr dreißig – Schalterschluss …

SCHMITZ-ZEISZYK   *rastet aus* Was, aber das gibt's doch nicht, das ist doch ein Wahnsinn …

DIREKTOR   Bitte, Herr Schmitz-Zeiszyk, beruhigen Sie sich – hat Ihnen das die Frau Kuschmelka nicht gesagt? Das war doch vereinbart …

SCHMITZ-ZEISZYK   Das ist doch ein Irrsinn, eine Provinz-
posse. *Er nimmt sein Kunstwerk und geht.*

DIREKTOR   Aber morgen ist doch der Weltspartag, da muss das
Zeu… äh, Sie verstehen, an diesen Platz kommen die Spar-
schweine hin und die Luftballons.

SCHMITZ-ZEISZYK   Was ist schon der Einbruch in eine Bank
gegen die Gründung einer Bank!

DIREKTOR   Ha, ha, jetzt zitiert er den Bert Brecht! Also, sie sind
schon sehr sensibel, diese Künstler, aber sie haben einfach ein
gebrochenes Verhältnis zum Geld … Bevor es jetzt dann
gleich ein paar Kanapees gibt und was zu trinken, spielt uns
der Herr Spitzer noch was Schönes – wie heißt das Stück?

SPITZER   Disagissimo.

Innenansichten

Immer wenn der Kunstmaler Holger Bögl seinen Galeristen aufsuchte, blickte er traurig drein.

Er ahnte, dass der Besuch wenig Erfreuliches bringen würde. Der Galerist selber wusste ebenfalls, dass, wenn Herr Bögl kam, es ihm wieder schwerfallen würde, vitale Zuversicht auszustrahlen, die in demselben einen Splitter von Hoffnung aufkeimen lassen könnte.

Anfang des Jahres aber änderte sich diese desolate Grundsituation schlagartig.

Herr Bögl war gekommen, um nach der Nachfrage nach seinen Werken nachzufragen. Natürlich fragte er nicht direkt nach, sondern erfuhr die nackte Wahrheit aus der Tatsache, dass der Galerist wieder einmal locker, aber trotzdem engagiert mit ihm über Rotweine plauderte, diesmal über einen Chorey-les-Beaune 1985.

Im Gegenzug legte Bögl dem Galeristen eine Röntgenaufnahme seiner Lunge vor.

Das elektrisierte diesen. »Toll!«, sagte er.

»Aber, aber …!«, beschwichtigte Bögl und bemerkte, das Röntgenbild signalisiere Krebs.

»Macht nichts!«, erwiderte der Galerist und hängte es an die Stelle von Bögls »Stillleben«.

Sofortiger Verkauf!

Der Galerist wurde hektisch. Er drängte Bögl, schnell alles zu beschaffen, was dieser auf Zelluloid über sich in Erfahrung bringen konnte.

Der Galerist sprudelte.

Holger Bögl jedoch versickerte zunehmend, während der Galerist ihm bei jedem Besuch mehr Röntgenbilder abtrotzte.

»Dass ein Innenleben so progressiv sein kann!«, jubelte der Galerist jetzt bei des Malers Beerdigung.

Der Cineast

Wissen Sie, ich kann etwas mitreden, ein bisschen kann ich mitreden. Ich sage ja nicht, dass ich den deutschen Nachkriegsfilm
gestaltet habe. Den Schuh ziehe ich mir nicht an, nicht wahr, aber
ich war dabei. Von Anfang an war ich Komparse. Ich war Komparse der ersten Stunde, nicht wahr. Nennen Sie mir irgendeinen
großen deutschen Filmregisseur von Rang, mit dem ich nicht
gearbeitet hätte. Da können Sie nennen, wen Sie wollen. Sagen
Sie Schlöndorff, kenne ich, Wim Wenders oder Werner Herzog,
ich kenne die alle. Wenn ich Ihnen darüber Anekdoten erzählen
würde, da würden wir heute nicht mehr fertig. Na gut, wenn Sie
mich drängen, dann erzähl ich Ihnen eine. Na ja, passen Sie auf, es
war folgendermaßen. Ich drehte einen Film, mit, äh – Fassbinder,
ich weiß es noch sehr gut. Fassbinder kam zu mir, nicht wahr, und
hat mich gefragt, ob ich mitspielen möchte. Ich sage, na ja, es ist
schon scheißegal, nicht wahr. Und ich musste damals eine Szene
drehen, das war eine schwierige Aufgabe. Ich sollte damals spielen
mit dieser Schauspielerin Hanna Schygulla. Hanna Schygulla,
nicht wahr, und ich sollte eben darstellen, wie diese Hanna Schygulla an mir vorübergeht, nicht wahr. Die Szene wurde aus techni-
schen Gründen dann nicht gezeigt, nicht wahr. Aber ich meine,
ich kann mich gut erinnern, wie dann diese Hanna Schygulla damals, nicht wahr, die Frau musste eine Szene drehen, dann noch
eine Rolltreppe rauf, runter, eine Rolltreppe immer rauf, runter,
rauf, runter, nicht wahr, von Tagesanbruch an. Und dieser Fassbinder, der Mann war ja ein Monster, der hat diese Frau schikaniert, immer wieder noch mal, diese Rolltreppe rauf, runter. Die
Frau war, diese Schygulla war fix und foxi. Weiß ich gut, wie sie
dann zu mir kam und zu mir gesagt hat, also, nicht nur, dass sie es
gesagt hat, wie diese Frau das gesagt hat, das war, nicht wahr, da
sagt Hanna Schygulla, diese berühmte Schauspielerin, sagt zu mir:
»Mein Gott«, sagt sie, »diese Rolltreppe.« Das war die Hanna
Schygulla. Wissen Sie, ich meine, warum erzähle ich Ihnen das
überhaupt? Ich meine, ich kann es einfach nicht haben, dass man
den deutschen Film heute so runtermacht. Der deutsche Film, der

wird einfach in den Boden geredet, nicht wahr. Ich habe nichts gegen Hollywood, verstehen Sie mich richtig, aber so den deutschen Film als nicht mehr existent zu bezeichnen, das ist infam. Was da behauptet wird. Wir hätten in Deutschland kein Filmstare. Die Filmstare sind doch da, nicht wahr, aber man muss auch einem deutschen Filmstar auch mal eine Rolle geben, die den Namen Rolle verdient. Wir haben international reputierte Filmstare. Ja, haben wir einen Derrick, oder haben wir ihn nicht? Ja, warum sehe ich einen großen Mimen wie einen Wussow, warum sehe ich den Mann auf internationaler Leinwand nicht mal als Frauenarzt? Ja, und dann, das ist das Schlimmste, nicht wahr, da wird behauptet, wir hätten in Deutschland keine Drehbuchautoren, wir hätten keine Erzähler, keine Narrateure, nicht wahr, keine Drehbuchautoren. Die sind doch da! Wie viele Drehbücher habe ich ihnen allein schon geschickt im Laufe meines Lebens? Ja, ich habe sie nicht mehr gezählt, und ich weiß auch gar nicht, was sie mit meinen Drehbüchern gemacht haben. Möchte es gar nicht wissen. Jetzt habe ich noch einmal ein Drehbuch geschrieben, das ist die Vorlage für einen großen deutschen Film. Ein großer deutscher Film mit *international dimension.* Da ist alles drin, was ein großer Film heute braucht. Verstehen Sie, da ist alles drin. Plots, Sweats und Tears, Sex and Crime, Tragedy, Comedy, alles da drin.

Na gut, weil Sie's wollen, ich erzähl's Ihnen, nicht wahr, also hören Sie auf. Aber ich erzähl Ihnen jetzt nur den Plot, nicht wahr, weil so viel Zeit hab ich nicht mehr. Also, passen Sie auf, also folgendermaßen: Kreischke heißt der Protagonist. Kreischke wohnt in München-Haidhausen, zurückgezogen mit seiner Lebensgefährtin, einer etwas ambivalenten Person. Aber er lebt zurückgezogen, nicht wahr, man würde sagen, er amorphelt vor sich hin. Da sehen Sie schon, wie dieser Film interessant beginnt, nicht wahr, ganz ruhig, nicht wahr, ruhige Einstellungen. Und eines Tages entschließt er sich, im Morgenmantel geht er runter, das Treppenhaus, nicht wahr, geht zum Briefkasten, entnimmt einen Brief, öffnet ihn und da – die Schatten der Vergangenheit. Er soll denunziert werden. Jetzt haben wir eine Rückblende. Ja, wir gehen jetzt zurück, und da ist es, nicht wahr, Kreischke hat damals, vor Jahren, hat er eine Diskussion mit einem Visavis. Diese Diskussion wurde sehr emotionell geführt und konnte von Kreischkes

Seite aus nur gemeistert werden, weil er zufällig einen Peacemaker bei sich hatte, nicht wahr, das Visavis fiel um und so weiter, Kreischke ging zur Fremdenlegion etcetera, etcetera. Und da, jetzt sind wir wieder in der Jetztzeit, da ist der Drohbrief. Kreischke ist vollkommen konsterniert, panikt, chaotisiert, nicht wahr, mit dem Brief in der Hand im Morgenmantel flieht er von München nach Wien, von dort nach Budapest, von dort nach Bukarest, von dort nach Sofia, dann Istanbul, dann nach Kabul, dann nach, ach, scheißegal halt, er flieht, nicht wahr, hochinteressant, nicht wahr. Wie er im Morgenmantel herumchaotisiert, nicht wahr, trifft aber durch Zufall auf eine Frau – Sie sehen schon das Konzept dieses Filmes –, hochinteressant, nicht wahr, und dann sehen wir diese Frau auf ihn zukommen, eine schöne, eine Euro-Asiatin, ja eine, ich würde sagen, etwas ambivalente Person, nicht wahr. Die Frau kommt auf ihn zu, nicht wahr, man muss auch das … man muss auch an den Zuschauer denken, nicht wahr, die Frau kommt, öff-net die Bluse, ein Silikonwunder, nicht wahr, also großartig, es kommt zum Tête-à-tête, nicht wahr, da plötzlich, aus dem Unge-fähren, kommen diese Drogen-Mafiosi, nicht wahr, kidnappen vor den Augen dieser Frau, äh, vor seinen Augen, Entschuldigung, also, sie kidnappen jetzt die Frau, nicht wahr, vor Kreischkes Augen, bringen diese Frau in einen Helikopter, fliegen mit ihr weg, nicht wahr, über den Pazifischen Ozean, werfen diese Frau ins Meer, nicht wahr, wie Müll, nicht wahr, da kommt der Weiße Hai, schnappt die Frau. Jetzt ist Kreischke vollkommen durchei-nander, nicht wahr, sie müssen sich vorstellen, ist ja nur der Plot, da kommen natürlich noch andere Szenen, Sie müssen's sich vor-stellen, da kommen die Aliens von einer anderen Galaxie, die in Wirklichkeit keine Menschen, sondern Pommes frites sind, nicht wahr. Aber warten Sie, bleiben wir beim Ding, jetzt erst Kreisch-ke, nicht wahr, dieses Erlebnis hat ihn verwundbar gemacht, nicht wahr, jetzt ein Schrei des Schmerzes. Er flieht, nicht wahr, runter nach Kapstadt, Toronto, von Toronto wieder rauf nach Rosen-heim, und dann wieder, nicht wahr, bis wir ihn in Bogotá wieder-sehen, nicht wahr, wir sehen ihn auf der Plaza und dann immer Folklore, trm-trm-trm-trm, im Morgenmantel, nicht wahr, durch Bogotá, nicht wahr, da kommt er wieder auf eine Frau, eine schö-ne Frau, übrigens eine Euro-Indianerin, ich würde sagen, eine etwas ambivalente Person, nicht wahr, es kommt zum Tête-à-tête, jetzt sind sie schon wieder da, die Drogen-Mafiosi. Jetzt bemächtigen sie sich aber Kreischkes, sie packen ihn, nicht wahr, führen ihn vor den Augen dieser Frau in ein Labor, in einen Keller, implantieren in seinen Körper einen Virus, einen Killervirus, der ihm selber nichts anhaben kann. Er soll nur als Bombe, als Zwischenwirt, benutzt werden, nicht wahr, und immer, wenn eine Musik ertönt, eine bestimmte, daa-ra-raa-raa-ra-raa, dann fängt Kreischke an zu schwitzen, nicht wahr, und über die Schweißperlen aus seiner Stirn stürzt sich der Killervirus heraus, auf jeden nächsten, und vernichtet ihn, nicht wahr, und deshalb ist der Titel dieses meines großen deutschen Spielfilmes: *Der Transpirator.*

Gedanken eines Medienkaufmanns

Sie, ein Freund von mir, der Kreiß Herbert, der hat sich neulich das Knie anghaut, also, mehr privat hat er sich's angehaut. Also, er hat's mir erzählt, außer mir weiß es noch sei Frau, sei Tochter, ja, und Sie wissen's jetzt. Diese Information war eigentlich gar nicht top secret, aber es ist nicht durch die Medien gegangen. Ja, ich weiß auch nicht, warum, das wär doch amal eine interessante Meldung gewesen. Während der Peter, der war mit dem Kreiß beim Essen, also der Alexander mit dem Dallidalli, aber des wissen Sie wahrscheinlich, weil des is durch die Medien gegangen. Es ist unklar, ob die beiden Suppe gegessen haben oder nicht, es ist aus dem Bericht nicht eindeutig hervorgegangen, also, sagen wir lieber, sie haben halt eine Vorspeise zu sich genommen, dann ein Hauptgericht sowieso, wahrscheinlich eine Nachspeise und dann mit Sicherheit ein Getränk, beide. Also diese Information, dass sie da essen warn, die hat Hand und Fuß, die ist verbürgt. Des hat mir der Kreiß Herbert persönlich erzählt. Er hat's aus der Presse. Also, wir haben das verbreitet, und der Kreiß meint jetzt, das stimmt. Also, mir lassen ihn das meinen, denn wir Medienkaufleute, wir sind der Ansicht: »Meinung ist Macht«. Also nicht Wissen, sondern Meinung. Die Meinung ist unser pekuniäres Fundament, weil Wissen ist ja kein Geschäft, das wissen Sie doch selber am eigenen Leib, wie viele Leute informiert sind und keine Ahnung haben. Wenn einer was weiß, dann braucht der unsere Medien überhaupt nicht und unsere Meinung auch nicht. Oder glauben Sie, dass der Sokrates eine Zeitschrift wie *essen & trinken* abonniert hätte? Der hat selber gegessen und getrunken, der hat seine Symposien halt so abgehalten. Aber er hat dann damals schon selber gesagt, er weiß nix. Drum hat er auch selber nichts veröffentlicht. Er hat auch selber noch gedacht. Des war damals natürlich noch leichter, weil damals hat's ja noch keine Zeitschrift wie *essen & trinken* gegeben oder auch keinen *Stern* oder *Brigitte*, und was wir alles haben. Der Mann war also ideologisch vom Essen und Trinken ziemlich losgelöst. Genau wie unser derzeitiger Bundeskanzler. Obwohl der bei Staatsbanketten inzwischen ein deutsches Grundnahrungsmittel wieder mehr namentlich ins internationale Rampenlicht bringt. Er trinkt übrigens nicht nur, des mag Sie interessieren, an Pfälzer Wein, sondern auch ab und zu an Bocksbeutel oder an Badenser. Das gilt als verbürgt, das weiß man heute, und mir ham des auch schon mehrmals veröffentlicht. Diese knallharten Fakten sind aber publizistisch immer noch unterbewertet. Schad, dass er heute nicht als Festredner da is. Weil er hat immer so amüsante Sprüche auf Lager. Überhaupt die Langeweile, also die Fadheit, diese … substantielle Armut ist doch das, was heute am vitalsten auf dem Vormarsch ist. Und zwar in allen Bereichen. Also eine Totalfadisierung. Und damit diese Poverität wieder ein Geschäft wird, also auch finanziell was hermacht, brauchen wir neue Formen und die neuen Medien. Zum Beispiel, wie man einen Wetterbericht amal ganz anders bringt. Also, dass sich der Elmar Gunsch den Bart abrasiert oder dass man die Wetterprognose amal aus'm Raumschiff überträgt, des sind doch Perspektiven, das schmeckt doch förmlich futuristisch, da wird so ein Wetterbericht die reine Mediensensation, wenn man's genial präsentiert, es Wetter selber ist ja eigentlich eh zweitrangig, da ham wir ja keinen Einfluss. Sehen Sie, und genau da liegt die Aufgabe und die Zukunft von einem Medienkonzern. Dass er einen üppigen Formenreichtum entwickelt, wenn die Ideen ausgehen. Des is wie in einem normalen mitteleuropäischen Gasthof: Mit vier Beilagen und drei Instantsoßen zaubert man approximativ neunundvierzig Gerichte. Und wenn man jetzt noch zwei Salate mit zwei verschiedenen Dressings dazunimmt, also wenn man French- oder American-Dressing noch mit einbezieht, dann haben wir auf den Schlag zweihundertfünfundvierzig eigenständige Hauptgerichte. Und genauso ist es in unserer Medienlandschaft. Die Speisekarte in so einem Gasthof ist das Medium zwichen Gast und Wirt, und sie hält meistens, was sie verspricht. Und obendrein kann der Gast dann auch noch Sonderwünsche anmelden. Die werden dann auch noch erfüllt. Also, demokratischer geht's doch kaum. Also, der Gast ist König, aber welcher König geht heute noch in so ein Gasthaus? Und genauso ist es bei unseren Medienkonzernen. Jeder Bürger kriegt die Meinung, die er will. Und er will ja a Meinung. Und wenn er eine Meinung nicht will, dann haben wir eine andere parat. Er kriegt jedenfalls die Meinung, die er meint haben zu müssen. Für so was ham wir eine differenzierte Medienlandschaft. Und da liegt die enorme Verantwortung von uns. Weil wir können ja nicht jeden Tag was Bleibendes bringen oder schaffen. Des würde uns ja alles bleiben. Aber bringen müssen wir ja jeden Tag was. Also, was bleibt uns übrig für die Zukunft? Das Beliebige. Es lebe die Beliebigkeit! Schaun Sie, wir Europäer stöhnen heute unter dem geistigen Ballast früherer Generationen. Eine Handvoll Dichter und Denker hat uns ein riesiges Kulturerbe hinterlassen. Wir sind heute viel, viel mehr, aber wir hinterlassen nichts. Unsere Jugend soll's amal besser haben. Nirgendwo ist die Meinungsfreiheit so garantiert wie da, wo die Meinungen besonders uninteressant sind. Wir garantieren also durch unsere Programmatik die freiheitlich-demokratische Grundordnung, die steht und fällt also praktisch mit der Fadheit. Es gibt Staatsformen, die eine öffentliche Meinung favorisieren wollen, des is dann genauso fad. Aber wo landen sie? Unweigerlich bei der Diktatur. Mir haben keinerlei Meinung, aber die dürfen wir überall und frei äußern. Unser Problem is heute also vielmehr, dass wir jemand finden, den das auch interessiert. Schaun Sie, früher war der natürliche Feind der Demokratie – und damit auch eines jeden Verlegers – der Analphabet. Heute ist es der Anvideobet. Mit seinem asozialen Verzicht auf Meinungsaufnahme über unsere mühsam aufgebauten neuen Medien blockiert er unseren Fortschritt. Und, des sag ich Ihnen, die meisten von denen san net amal in 'nem Bücherclub organisiert, diese Anvideobeten, da schauns schon nicht, und dann lesens auch noch einfach nur des, was ihnen Spaß macht – oder gar nix. Diese Anvideobeten versuchen doch nur, rücksichtslos ihr Privatleben durchzudrücken auf Kosten unserer gewachsenen Medienstruktur. Die sind also nicht nur verantwortlich für die schleppende Geschäftsentwicklung im Kabelfernsehen, sondern auch für unsere Bücherberge. Ein Butterberg lässt sich noch an die Sowjetunion wegsubventionieren, aber einen Bücherberg nehmen uns die ja nicht einmal geschenkt ab. Der Anvideobet ist ein innerer Feind, ein heimtückischer, des abendländischen Bildungskonzepts. Da redens vom Humboldt, dabei sind wir doch eine europäische Schicksalsgemeinschaft. Da sitzen einige angebliche EG-Bürger in der Toskana und ignorieren und boykottieren beharrlich die hoch subventionierte holländische EG-Tomate, und in Frankreich wird heute noch da und dort gespeist, als ob's unsere Zeitschrift *essen & trinken* nie gegeben hätte. Wir Europäer haben heute keine Qualitätsprobleme, sondern Quantitätsprobleme. Mehr Zeitschriften, mehr Schallplatten, mehr Sendungen, mehr Bücher, alles bei höheren Auflagen, die müssen ja von irgendjemand konsumiert werden. Ja, wer soll denn das alles lesen und anhören und anschauen?! Da müssen wir wirklich zusammenhalten. Das braucht Konzentration, also Wettbewerb ohne Konkurrenz, obwohl, Konkurrenz kommt ja von concurrere, also gemeinsam laufen, sagen wir also besser: eine Konkurrenz ohne Risiko, halt die Konzentration. Sonst geht's uns wie dem Isländer, eigenständig, aber peripher. Nirgendwo in der Welt wird so viel Isländisch gesprochen wie in Island, aber was hams davon? Bei 250 000 Einwohnern kann man doch keinen Medienkonzern aufbauen, zumindestens nicht rentabel, diese Isländer sind also heute noch gezwungen, sich persönliche Erfahrungen mündlich mitzuteilen, ohne jedes Medium. Dabei ist der Mensch ein Medium. Person kommt von personare, das heißt hindurchklingen. Der Kreiß Herbert, Sie wissen schon, mein Spezi mit der Knieverletzung, durch den klingt's wirklich hindurch. Der hört im Radio an Bayern 1, während er im ZDF an Sport anschaut, gleichzeitig zeichnet er sich im Video den Spielfilm mit Heinz Rühmann im Dritten auf, nebenbei isst er, trinkt er, und dabei liest er *essen & trinken*, außerdem hat er noch an Plattenspieler, an Kassettenrecorder, zwei Kinder und a Frau. Also der Kreiß Herbert, Sie wissen schon, der mit der Knieverletzung, ist nicht irgendeine Person, sondern eine Persönlichkeit. Übrigens, der Herbert Kreiß ist auch noch Mitglied von am Bücherring.

SAVOIR-VIVRE

Der Altstadtliebhaber

Herr Meisinger beißt in eine Bratwurst, hält eine Breze in der Hand.

Ausgezeichnet. Einfach exorbitant. Diese Thüringer Bratwurst, extraterrestrisch, wirklich gut gewürzt, die Wurst schmeckt einfach wurstig. Ein Wunder, dass diese Wurst den Kommunismus überlebt hat. Der ganze Marxismus, und das ist ja das Unglaubliche, hat ja vor allem die Gastronomie gedemütigt. Die bürgerliche Küche, schon der Name »bürgerlich« war ihm ein Dorn im Auge. Und dann haben sie sie bekämpft, aber die Geschichte hat gezeigt, die Idee einer frischen röschen Breze hat obsiegt. Die Russen haben zwar immer das Lied *Kaputie publicki* gesungen, das heißt auf Deutsch »Kauft Brezen«, »Horaschi publicki«, »frische heiße Brezen«. Aber im Alltag sans der Brezen sehr reserviert gegenübergestanden. Weil die DDR-Führung bekanntlicherweise zuckerkrank war. Aber Schwamm drüber. Diese Sache ist jetzt ausgestanden. Interessant nur noch, dass der Osten schon 1983 pleite war. 83, wohlgemerkt! Bei der Stasi haben sie das genau gewusst, und so haben halt seit dieser Zeit, also 83, Insider rechtzeitig mit dem Räumungsverkauf der DDR begonnen, »GDR for sale«. Ich selber bin erst 1986 eingestiegen. Also haben gewisse Herrschaften mir demzufolge drei Jahre die Nase im Voraus gehabt. Was die Realisation anbelangt, ich bin auch als Sponsor aufgetreten, hab selber qualifizierte Leute freigekauft und denen dann die Möglichkeit gegeben, mit Zins und Zinseszins sich selber wieder zurückzuzahlen. Also, wenn einer beispielsweise ein guter Metzger war und deshalb mit dem System in Konflikt geraten und eingelocht worden ist, dann hab ich die – sagen wir einmal – circa 60 000 Mark aufgebracht, dass er freikommt. Ein Lösegeld quasi. Und hab ihn dann bei mir im Westen eingestellt als Metzger, dass er eine Thüringer Wurst macht. Und so hat er sich dann selbst abbezahlt, indem er sich bei mir amortisiert hat.

Ich hab ihn auch immer motiviert, indem ich ihm erzählt hab, wie schön des is, wenn man ein Geld verdient und man zu einem Besitz kommt. Verstehen Sie mich richtig, ich will mich nicht durch den Besitz bereichern, aber Besitz als solcher bereichert ungemein. Es ist einfach schön als Besitzender. Schon in der Früh, wenn ich aufstehe und frühstücke, und ich weiß, also, mir gehört doch einiges, also bin ich nicht unbesitzend, sozusagen solvent, verstehen Sie, nicht knabbern müssen, sondern im Gegenteil, da ist ein Polster, da ist man als Mensch einfach ausgeglichener.

Manchmal denke ich, wenn ich so nervöse Gispeln, so fahrige Personen sehe, denen fehlt ein Selbstwertgefühl. Wahrscheinlich habens nix. Nicht einmal eine Immobilie oder so was. Besitz beruhigt, das ist ein Lebensgefühl, ich kann's nur weiterempfehlen. Einfach angenehm. Sonst würden's doch gar nicht so viele anstreben, wenn's nicht attraktiv wäre.

Schaun S', jetzt zeig ich Ihnen was. *Zeigt ein Foto.* Das ist die Altstadt von Zittau, gehört mir, na ja, ich bin ein Sammler, aber natürlich keine Briefmarken, schaun S', mit meinen Pratzen, das hätt doch keinen Sinn, nein, ich sammle Schlösser, Villen, Altstädte aller Art. Hier, die Altstadt von Stralsund gehört auch mir, bis auf das, was dem Boris Becker gehört. Cottbus, das da war ein Schnäppchen, Cottbus, ich hab's eingetauscht gegen eine Retortenstadt bei uns. Gegen Neu-Gablonz. Ich hab mit der Treuhand ... nein, keine Angst, ich nenne keine Preise.

Wenn Sie mich fragen, ich hätte vor ein paar Jahren gar nicht gewusst, dass es so was gibt wie Zeitz, und jetzt hab ich's in meiner Sammlung. Lauter Filetstücke. Jugendstil, Art deco, Renaissance, alles da. Leider immer noch missbraucht von Bewohnern, die in Juwelen sitzen und gar nicht merken, wo sie sich befinden. Da nisten Mieter in Schmuckstücken, also, das kann doch nicht der Sinn einer Altstadt sein, dass man so eine Notunterkunft zur Verfügung stellt. Ich finanziere gerade ein Alternativprojekt für Altstadtbewohner in den neuen Bundesländern, das heißt Single-Mobil, eine heizbare Unterbringung für Leute, die kein Geld haben, aber trotzdem wohnen wollen. *Er zeigt auf Umzugscontainer.* Und hier ist eine Propangasflasche, das ist die Heizung. Und man wohnt sozusagen mietfrei. Also, jeder Altstädter, der freiwillig auszieht, kriegt dieses Single-Mobil von mir umsonst.

Ansonsten halte ich mich doch gerne in den neuen Bundesländern auf. Nur manchmal macht man noch Erfahrungen, die sind einfach deprimierend, zum Beispiel Rostock. Ich bestelle eine

Veuve Clicquot, also, eine echte Veuve Clicquot, und tatsächlich, der Ober bringt eine Veuve Clicquot, einen französischen Champagner. Sapperlot, denk ich, jetzt tut sich was im Osten, Rostock kommt. Aber merkwürdig, ich fühle, da stimmt was nicht, und wirklich, ich hätt's mir denken können, ich steck den Thermometer ins Glas, messe siebzehn Grad, Wahnsinn! Ich sag zu dem Ober, siebzehn Grad, das ist doch eine Veuve Clicquot, Mensch, jetzt wird's aber Zeit, dass ihr einmal umdenkt, das ist doch eine Barbarei, eine Veuve Clicquot muss neun Grad haben, vielleicht in Ausnahmefällen neuneinhalb, aber siebzehn Grad, das ist deprimierend. Aber ich hab's mir schon angewöhnt, wenn ich hier bin, weil ich weiß, es ist deprimierend. Wähl ich zum Beispiel King Prawns, dann hab ich immer so Farbtafeln dabei, zum Beispiel hier, so schauen King Prawns aus, weil die kennens nicht, das ist deprimierend, oder Trüffel, dann zeig ich's ihnen, hier, das ist ein Trüffel, und wo wohnt der Trüffel? Das wissen sie auch nicht, also zeig ich's ihnen auf der Landkarte. Da schauts her, das ist Perigord, das ist die Heimat vom Trüffel.

Die Menschen sind so verbogen, nur mit Aufklärung geht's. Ich bin gern bereit und zeig ihnen alles. Zum Beispiel Beaujolais oder Languedoc, liegt in Europa, dann zeig ich ihnen eine Karte von Frankreich. Frankreich kennens. Oder Italien, Montepulciano, Barolo.

Na ja, sie werden's schon noch lernen. Man braucht halt a Geduld, wir haben ja auch unsere Zeit gebraucht, bis wir zur Normalität gefunden haben.

Vierzig Jahre Kommunismus zu kompensieren, das ist schon deprimierend.

Menschenfresser

Wir haben gesagt, Mariele, Mariele, du konntest ja letztes Jahr nicht mit uns mitkommen, weil du warst ja verhindert, du hast ja deinen Pilz ghabt, und außerdem hast du den Führerschein gmacht, gell. Du hast ja den Führerschein gmacht und hast dazu dreiundneunzig Stunden gebraucht, ich mein, du hast jetzt den Führerschein, ham mir gsagt, Mariele, aber es … du warst verhindert, du konntest nicht mit uns mitfliegen, außerdem sind wir ja letztes Jahr nur auf die Virgin Islands gefahren, des war wegen diesem Benefizessen, dieses Wohltätigkeitsessen, das war dieses Lobster-Festival … äh, äh, zugunsten der Tiramisu-Geschädigten. Und wir haben gesagt, Mariele, dafür kannst du dieses Jahr mit uns mitfliegen, wenn wir diesen Gastronomie-Adventure-Trip machen. Äh, der Gastronomie-Adventure-Trip wurde von der Zeitschrift … ähm … nicht *essen & trinken*, auch nicht *Der Feinschmecker*, sondern wurde von … *Le Gourmeur* veranstaltet – der *Le Gourmeur*. Und die haben des organisiert, und wir sind dann, an dem Donnerstag, wo es so saukalt war, da sind wir dann vom Franz-Josef-Strauß-Airport weggeflogen, nonstop, direkt über Singapur, dann nach Sydney, weil Sydney war unser Headquarter. Und wir sind dann, jetzt warten Sie, des war dann, ich komm immer mit der Zeit durcheinander, weil da war dieser Jetlag; der Vati hat auch gesagt, Jetlag, na, des hättens ja in den Prospekt reinschreiben können, dass da ein Jetlag is, net, weil mir ham ja den Tag bezahlt, aber mir ham ihn nicht gekriegt, net, so ein Jetlag, das ist ungefähr so was wie … äh … ein Disagio bei der Bank, net, das Geld sieht man auch nicht mehr. Na ja, und dann war der erste Gastronomie-Adventure-Trip, der stand unter dem Motto … äh, »Essen …«, äh … »Wir fliegen zu den Aborigines: Essen wie vor zehntausend Jahren«. Wir haben halt gedacht, na ja, des is halt ein … äh … das ist halt ein – Motto, wir haben ja nicht gewusst, dass die wirklich wie vor zehntausend Jahren fressen, net; und ich muss auch sagen, was sich diese Aborigines ausgedacht haben, also das ist – mit essen hat das nichts zu tun, gell. Des ist auch kein Abenteuer, sondern ein Skandal. Da ham sie dem Vati – zum Bei-

spiel ham die serviert ... a so ... ähm ... äh, hm, so, so ... Insek-
tenrouladen, nicht, und dann so Termitenravioli ... also, grauenhaft, net. Der Vati hat sich wirklich überwunden, dass er überhaupt – es zu sich nimmt, net. Und wie er des wollte, da kommt
der Bürgermeister, oder was er ist, von diesen Aborigines, und
spuckt dem Vati auf diese Ravioli drauf, net. Der Vati hat gleich
den Guide kommen lassen, hat gsagt, »Sie, der Kerl, der speit auf
meine Ravioli drauf«. Dann sagt der Guide, »na ja, des is bei
denen eine alte Tradition, das bedeutet bei denen 'guten Appetit'«.
Und dann hat der Vati gsagt, »ja, sagn Sie dem amal, ob er nicht
weiß, dass die zehntausend Jahre jetzt vorüber sind«, net – also
fürchterlich! Und der Vati hat sich wirklich, also – überwunden!
Es war so ungustiös, gell? So ungustiös! Und trotzdem, der Vati
beißt rein, nein, also staubtrocken. Der Vati hätt beinah einen
Hustenanfall bekommen, gell – also so trocken. Der Vati hat gesagt, »also, ein – Gugelhopf ist ein feuchter Schwamm dagegen«,
net – grauenhaft. Und dann – ham sie ihm eine Sauce gebracht,
eine Pfefferminzsauce, und dann sagt der Vati, »na ja, was heißt
Pfefferminzsauce! Muss ich zwanzigtausend Kilometer fliegen,
dass ich eine Pfefferminzsauce bekomme?« Oder, damit Sie sich's
vorstellen können, was die noch serviert ham: Dann ham sie einen
Heuschreck serviert – ein Heuschreck, so groß wie ein Dackel.
Aber den Heuschreck selber, den verzehren sie nicht, net, sie essen
nur seine Exkremente, net, auf deutsch: den Scheißdreck. Also,
hören Sie auf! Wir ham drei Kreuze gemacht, wie wir endlich wieder im Headquarter waren. Aber dann, beim »Le Gourmeur«,
ham sie sich dann schon angestrengt, sie ham gewusst, jetzt müssen sie sich ins Zeug legen, und im Mainland haben wir dann
bekommen, jetzt warten Sie, wir ham gegessen, ein – das war sehr
gut, à point, also das Fleisch war à point, ähm –, einen Carpaccio,
ein Fleisch vom Koalabären. Nur dann ham sie wieder eine Pfefferminzsauce draufgeschüttet. Die tun auf alles Pfefferminzsaucen
drauf. Wissen Sie, weil diese Australier haben das schwere Erbe
der englischen Küche angetreten. – Oder wir ham gegessen, das
war ein Auflauf, ein ... ähm ... Soufflé an Flamingozungen, hat's
geheißen. Flamingozungenauflauf an Bordeaux-Wein, nicht. Aber
da war gerade diese Mururoa-Sache, diese Gaudi mit diesen
Atomtests, Sie wissen schon. Und dann kommt der Guide daher

und sagt, ob wir ausnahmsweise statt diesem Bordeaux vielleicht doch lieber einen Trollinger trinken. Und dann hat der Vati gesagt, »na ja, also wenn wir damit dem Chirac eins auswischen, in Gottes Namen, trinken wir auch einen Trollinger dazu«. Und dann kam diese Enttäuschung, so eine Enttäuschung, also, ich hab den Vati noch nie so enttäuscht gesehen. Wissen Sie, aber es ist auch im Prospekt gestanden, es hat ja auch geheißen, wir bekommen einen Tafelspitz vom Riesenwaran. Es ist ja ausdrücklich dringestanden, dann kommt der Guide daher im letzten Moment und sagt, den Riesenwaran können sie nicht mehr servieren, der letzte Waran ist vor drei Monaten ausgestorben, ein Zahnarzteehepaar aus Ebersberg bei München hat den letzten gefressen. Also, Sie hätten unsern Vati sehn sollen ... Der Vati war – also, vollkommen desillusioniert. Er hat gesagt, »warum mache ich die Reise, warum mach ich diese Reise«, er sagt, »einmal in meinem Leben hätte ich halt so gern einmal etwas Ausgestorbenes probiert«. Na ja, dann haben sie sich dafür entschuldigt und haben ersatzweise diese Eier serviert von diesen Sch... äh ... Riesenschildkröten, wissen Sie, und der Guide hat gesagt, er geht davon aus, äh ... die sterben auch bald aus. Und dann haben sie sie serviert und haben wieder diese Pfefferminzsauce drauf. Na ja, also jetzt, kurze ... lange Rede, kurzer Sinn, und dann kam der Höhepunkt der Reise: Das Motto hat geheißen »Wir fliegen zu den Papalangi«, das sind diese Man-Eater, wobei ich sagen muss, der Begriff Man-Eater ist missverständlich, denn sie essen ja Frauen auch. Also, wir sind rübergeflogen mit Transfer und Propellermaschine, und dann – eine Hitze, ich sag Ihnen, eine Hitze, brüllende Hitze, Dreck, Schlamm, Mücken, Schnaken, Bremsen, nicht wahr, fürchterlich, bis man zu diesen Man-Eatern kommt. Stundenlang sind wir mit dem Ranch Rover durch diesen Dreck, weil dieser Stamm ist ja erst vor einem Dreivierteljahr entdeckt worden, aber sie sind bereits ... äh ... katholisch – also den Papst kennen sie. Und einer von ihnen, der Medizinmann, hat sogar diesen Karl Moik, diesen ... äh ... vom ... vom ... Musikantenstadl, hat er schon auf einem Bild dabeigehabt. Und ... äh ... und ich muss auch sagen, diese Man-Eater, sie sind auch ... also ... herrlich in ihrem Benehmen, wie sie uns empfangen ham, mit einer Herzlichkeit und einer Natürlichkeit, mit einer Nonchalance haben sie uns begrüßt, und sie haben getrommelt – sie trommeln ja so gerne –, mit einer Inbrunst haben sie getrommelt, *Stille Nacht* ham sie getrommelt, und … ähm … und das Kufsteinlied und *Horch, was kommt von draußen rein.* Also diese Man-Eater! Und dann muss ich noch sagen, ja, als es dann so weit war, bevor wir zu Tisch gebeten wurden, äh … ist der Guide noch mal gekommen und hat uns gesagt, »wer jetz dann kein Menschenfleisch nicht essen will, braucht es auch nicht zu essen, der kann ersatzhalber auch Maultaschen oder Spaghetti oder ein Tiroler Gröstl bekommen, also keiner muss es essen«. Nur unser Vati hat gesagt, »kommt nicht in Frage, ich hab das Fleisch bezahlt, ich hab's gebongt, und wir essen es auch«. Und wie diese Man-Eater auch den Tisch gedeckt haben, das muss man gesehen haben. Also, und mit einem Geschmack, diese Man-Eater. Sie ham ein Dekor und auch ökologisch, also, zum – alles so schön hergerichtet, keinerlei Plastik, nur Porzellanteller, wunderbar gedeckt, der Tisch, also, man … man muss zugeben und sehen, diese Man-Eater, sie sind auf der Höhe der Zeit, sie wissen, das Auge isst mit. Und dann, bevor wirklich serviert wurde, hat unser Vati, weil wissen Sie, unser Vati ist seit diesem Rinderwahn mit dieser BSE-Geschichte, ist unser Vati sehr hellhörig, alles, was Fleisch angeht. Und dann hat er den Guide kommen lassen, hat gesagt, »bitte, sind Sie so nett und verraten Sie mir, woher kommt das Fleisch?« Aber der Guide hat ihn gleich beruhigt und hat gesagt, nein, er garantiert, das Fleisch ist clean, also er gibt ein Zertifikat, sie legen eine Hand ins Feuer, also sie sind da … also wir brauchen keinerlei Angst zu haben, das Fleisch ist vollkommen in Ordnung. Er sagt, das Fleisch kommt höchstens, er sagt, wenn diese Man-Eater einen erwischen, vielleicht einmal von den Boat people, dann kann es sein, dass er in den Topf kommt, oder in seltenen Fällen, aber wirklich nur sehr selten, wenn er überhaupt hergeht, dann vielleicht einmal ein Blauhelm, aber er sagt, wenn da ein Engländer dabei ist, dann lassen sie ihn sowieso wieder laufen. Also, ich sag's ganz ehrlich, ich bräuchte kein, äh … kein Menschenfleisch essen, und das Mariele hat auch gesagt, nein, also jeden Tag müsste sie das wirklich nicht haben. Und wir ham's auch nicht mitgenommen, weil sie ham's uns als Suppe in Konservendosen noch verkaufen wollen, nicht? Also man muss es wirklich nicht immer essen, aber auf der andern Seite sag ich halt, mein Gott, man war einmal dabei, man hat's einmal probiert, man kann halt doch einmal mitreden.

Der Ruhe-Erzwinger

»Ist da noch frei?«, frage ich, hoffend, in der Gaststätte noch einen Platz zu ergattern.

»Freilich«, sagt der Mann am Tisch. »Setzen S' Eahna ruhig hin.«

Endlich, ich sitze. So, und jetzt die Speisenkarte. Da plötzlich – grrrummelgrr – ein tiefes Grollen unter dem Tisch – grrmmgrr – naff. Ich lasse erschrocken die Karte fallen.

»Der tut nichts«, sagt der Tischnachbar, »der ist heute nur etwas schlecht aufgelegt. Wenn Sie sich ruhig verhalten, dann macht er nichts. Bloß tun S' um Gottes willen nicht mit der Hand auf den Tisch schlagen – da erschrickt er. Er ist nämlich ein Rottweiler, und die Rottweiler sind halt einmal sehr sensibel.«

»Jaja«, sage ich. Trotz einer gewissen Beklemmung bestelle ich Würstel und ein Bier. Als ich mir prophylaktisch den Senfnapf hole, geht's los: Grrrummgrrmchnaahrrr. Ein bestialisches, animalisches Grollen. Unter mir sitzt einer, der frisst auch Menschen.

»Brav!«, gebietet sein Herrchen. »Schön brav. Der Herr ist auch ein Gast – so wie du, hähä«, lacht der Dompteur. »Aber beherzigen Sie, was ich Ihnen sage: keine Bewegung – möglichst.«

Leider kommt das Bestellte, die Würstel. Die Bedienung stellt sie etwas unsanft auf den Tisch. Grrmrrchchmrrwoouu. Jetzt kriege ich Angst. Unter dem Tisch rumort es. Hoffentlich beißt er nicht zu.

»Sie können schon essen«, sagt mein Visavis, »aber bitte achten Sie auf Ihr Besteck, das Klicken mag er nicht. So was mögen Rottweiler generell nicht so gern.«

»Okay«, sage ich. Ich schwitze. Vorsichtig, wie wenn man operiert, schneide ich die Wurst und dosiere den Druck aufs Messer, damit nicht plötzlich ein Aufprall aufs Porzellan passiert.

Das Sauerkraut lässt sich geräuschlos mit der Gabel lupfen.

»Er ist eine Seele von einem Hund«, sagt sein Besitzer. »Er hasst die Nervosität beim Menschen.«

Ich trinke, aber dann muss ich das Glas abstellen, leider zu hart, obwohl der Bierdeckel dämpft. Grurrgrrrwuff. Ich schnaufe durch und halte den Atem an. Ich hätte gerne meinen Fuß bewegt, aber jetzt bin ich steif wie ein Zaunpfahl. Ich bewege mich nicht mehr.

Der Bestienbesitzer zündet sich gemütlich eine Zigarre an. »Und? Schmeckt's?«, fragt er.

Ich nicke vorsichtig, um kein Geräusch zu machen. Ich müsste jetzt auf die Toilette, aber ich trau mich nicht, mich zu erheben.

Ich frage: »Sie, ich müsste einmal – Sie verstehen, aber – der Hund?«

»Ja, Sie haben recht«, sagt der Mann, »ich rauche noch meine Zigarre zu Ende, und dann gehen wir sowieso. So lang können S' doch noch durchhalten?«

Ich nicke eifrig.

»Hat's nicht geschmeckt?«, fragt die Bedienung.

»Doch – aber zu viel«, sage ich gepresst, »und ich möchte gern zahlen.«

»Sechzehn Mark zwanzig macht's.«

»Achtzehn«, sage ich.

»Und zwei Mark zurück.« Peng – die zwei Mark rollen auf den Tisch. Wuffrgrrmichrrhrrwaff. Unter dem Tisch ein Inferno – fürchterlich, das Raubtier ist zum Äußersten gereizt.

»Pfui!«, brüllt sein Meister. »Zurück – pfui!«

Die Bedienung ist auch zu Tode erschrocken, von unten tönt's: *Uwauwau!*

»Hätten S' halt zur Bedienung ›Es stimmt schon‹ gesagt, dann wäre das nicht passiert.«

Inzwischen bin ich aber so weit, mein linker Fuß ist weitgehend verheilt, und in vier Tagen kann ich wieder ohne Krücken gehen.

WIRTSHAUSGESPRÄCHE

Veteran und Reservist

ANNA   *Bedienung*
OTTO   *Zapfer*
HERR CROTT   *Stammgast*
Außerdem: ein Veteran, ein Reservist, ein Penner und ein Taxifahrer
sowie Heinz, ein Hamster aus Syrien
Ort: ein Wirtshaus an der Ecke

Ein Penner steht an der Theke; am Stammtisch sitzt Herr Crott; am
Nebentisch sitzen ein Veteran und ein Bundeswehrreservist, gerade
entlassen; an einem Stehtisch stehen zwei Vertreter. Zur Wirtschaft
gehören noch Otto, hinter der Theke, und Anna, die Bedienung.

ANNA   So, der Herr möchte zahlen. Sie ham ghabt a kleines
        Helles und ein Sol-Ei …
PENNER   Kannt i vielleicht no so a Sol-Ei …
ANNA   Jetz zahlen S' doch zerscht amal des, des san – *rechnet* –
        zwei Mark fuchzehn. *Gibt dem Penner einen Rechnungszettel.*
PENNER   *liest* Wieviel?
ANNA   Zwei Mark fuchzehn.
PENNER   Wieviel macht da des Sol-Ei?
ANNA   Der obere Betrag.
PENNER   Aha. Ja – Moment … *Kramt in seinen Taschen.* Da, des
        san derweil scho mal fuchzehn Pfennig, jetz an Moment.
        Sucht weiter.
OTTO   *schaut ihm dabei zu* O mei …
ANNA   Herr Crott, kriegnma noch a Bier?
HERR CROTT   Ah ja, 'n kleines Schnelles für'n Heimweg.
ANNA   *zum Penner* Ham S' jetz den Restbetrag?
PENNER   Zwoa Mark warn des?
ANNA   Ja genau, zwei Mark.
PENNER   Ah ja, genau, zwei Mark, genau. *Sucht wieder.* Herr-
        schaft, haa …
ANNA   Oiwei desselbe mit dem. Wer hat denn den überhaupt
        neilassn?
OTTO   Der is vo selber reikemma. Auf einmal war er da.

ANNA   Hat der net Lokalverbot?

OTTO   Mei, er is halt so anhänglich. Der kimmt oiwei wieder, obwohl er nie a Geld dabeihat.

PENNER   Na, Sie, also …

ANNA   Zwoa Mark.

OTTO   Wie oft mir den scho nausgschmissn ham.

ANNA   Sagn S' amal, wie oft ham Sie jetz scho Lokalverbot ghabt, da herin?

PENNER   Mei, wieso des, so a Schmarrn …

OTTO   Der is wie ein Zeck.

ANNA   *stellt Crott das Bier hin* Der hat scho mindestens zwanzigmal Lokalverbot ghabt. Also, was is jetz: zwei Mark!

PENNER   Sie, ich bin jetz grad in einer momentanen Verlegenheit …

OTTO   Aha. Momentan.

PENNER   Ja mei! Aber ich könnt Ihnen, da schaun S' her, des is a Nahkampfspange, a echte, aus'm Zweiten Weltkrieg, für Verdienste im Nahkampf.

ANNA   Wie, zoagn S' her …

PENNER   Da müsstn S' mir allerdings no zehn Mark drauflegn, de is in Wirklichkeit mindestens dreißig Mark wert, also für Sie waar des direkt a Gelegenheit …

VETERAN   Was, wo, zoagn S' amal, wo? *Schaut den Orden an.* Ah, des is a Hosenscheißerordn, ham mir gsagt, den könna S' wegschmeißn.

PENNER   Naa, he, wieso, der is wertvoll.

VETERAN   Ah, a Hosenscheißerordn is.

ANNA   Bhaltn S' 'n. Zwoa Mark samma.

RESERVIST   Derf i amal … *Schaut Orden an.*

PENNER   Des is original aus'm Zweiten Weltkrieg, der is mindestens dreißig Mark wert, für Kenner sogar vierzig.

VETERAN   A Hosenscheißerordn is.

RESERVIST   Für a Markl dad i 'n Eahna abkaufn.

PENNER   Ah ja, dean S' es her. *Nimmt die Mark, haut sie auf die Theke.* Da, stimmt schon.

ANNA   Was hoaßt da: »Stimmt scho«, i kriag no a Markl.

PENNER   Ah ja, des Sol-Ei.

ANNA   Also, jetz hörn S' amal auf, jetz hab i's satt mit Eahna,

Schaun S', dass S' nauskemma, Sie ham jetz endgültig Lokalverbot.

OTTO   Lassn S' Eahna ja nimmer blicken da herin, sonst holn
mir d' Polizei.

PENNER   So ein Saftladn … *Geht.*

ANNA   As nächste Mal kriegen S' nur no was gega Vorauskasse,
dass S' es genau wissen!

OTTO   Und as übernächste Mal holn mir d' Polizei!

ANNA   Des is doch jedes Mal desselbe mit dem Kerl. Ham S' des
wieder gsehn? Herr Crott, des Sol-Ei, des kann i abschreibn.

OTTO   Aso was von defizitär …

ANNA   Wenn ma solchene Leut sieht, na vasteht ma direkt, warum s' die Neutronenwaffe baun, so Leut wie der san ja total
unrentabel, solche Parasiten …

VETERAN   Des hätt's zu meiner Zeit net gebn. Da hat ma solchene Subjekte eingesammelt. A Schaufel in d' Hand, a Tritt
in'n Arsch und ab in'n Steinbruch. An Schnaps hätt i no
gern.

ANNA   Sofort!

RESERVIST   Mir aa oan! Und eahm sein auf meine Rechnung!
Ha! Des war jetz a Gschäft. Der Mo hat ja keine Ahnung
ghabt. Da, der Ordn, der is aus'm Weltkrieg eins, der is ja im
Großhandel scho mindestens hundert Mark wert. Der geht
auf der Zürcher Kriegerordenbörse nicht unter dreihundert
Franken weg.

VETERAN   Aber a wenig putzn derfst 'n scho. So was ghört
gepflegt.

OTTO   Da, zwei Schnäpse die Herrschaften, zum Wohlsein.

RESERVIST   Mögn Sie aa oan?

OTTO   Naa, i derf net. Obwohl, oan … Anna, noch an Schnaps.

VETERAN   Wenn er vom Ersten Weltkrieg is, na hab ich noch
an Respekt. Wei im Zweiten Weltkrieg, da hat's ja gar koan
Nahkampf in dem Sinn mehr gebn. De im Nahkampf, de san
alle kaputtganga, also, wenn oana mit ara Nahkampfspange
hoamkemma is, na war was faul, drum ham mir gsagt: Hosenscheißerordn. Also, pass auf, wo warn mir? *Wendet sich auf
dem Tisch aufgebautem Kriegsspielzeug zu: Zahnstocher, Salz-
fass, Knorrwürze, Senfglas.* Da Russe drängt von hintn am

Dnjepr mit seine Panzerverbände, da Rumäne hier, und sagn mir amal, da Italiener als Bündnispartner hat ja total versagt. Mei, mir ham praktisch ois selber macha müaßn. Mir ham mit der 8-8 unheimlich neighacklt. Da hätt ma schwörn können, keine Maus is mehr lebendig, aber oiwei wieder hat irgendwo a Russ rausgspitzt. Sovui ham mir gar net umpflügn connan, wie da daherkemman san. Also ein Menschenmaterial war des, des war direkt sagenhaft …

ANNA   Iiih, pfui Deifi, a Ratz!

OTTO   Was, wo?

ANNA   *zeigt auf Hamsterkäfig, der bisher mit einem Handtuch zugedeckt war* Da! Pfui Deifi, wer hat da den Ratzn daherbracht?

OTTO   Des is doch koa Ratz, des is der Heinz, mein Hamster.

ANNA   Des is mir egal, schaug, dass d' den Ratzn nausbringst, des is ja widerlich, ääh …

OTTO   Wieso, des is der Heinz aus Syrien, der tut keiner Seele was. Ich hab ihn ja auch nur vorübergehend mitnehmen müssen, weil in meim Mietvertrag san nur Zierfische genehmigungsfrei, und fürn Heinz hab ich noch keine Aufenthaltsgenehmigung, weil mein letzter Hamster, der Wallenstein, der wo genehmigt war, den hab ich in der Nacht versehentlich zertreten.

ANNA   Äääh, hör auf, mir graust's aso, tu des Viech weg.

OTTO   Da schau her, des is mein Mietvertrag. Siehgst – desweg hab ich an Heinz mitbracht …

ANNA   Ja, aber da herin gilt net dein Mietvertrag, sondern die Gaststätten-Hygieneverordnung, und des da is ein Nagetier, und Nager ham da herin nix zum Suchen: Naus mit dem Viech.

OTTO   Ja … *nimmt den Hamster* … aber könn ma 'n net derweil aufn Fernseher naufstelln, da stört er doch net.

ANNA   Na hängst aber wenigstens wieder des Handtuch drüber.

OTTO   Aber na sieht er ja nix mehr, der Heinz, wo er doch so interessiert ist.

ANNA   Also, von mir aus, aber stell ihn weit weg.

OTTO   Hast as ghört, Heinz … *Stellt ihn auf den Fernseher.*

VETERAN   De Hitlersäge, 1200 Schuss pro Minute, waar ja theoretisch ideal gwesn für diese vielen Russn, aba mir ham's ja bloß im Winter gscheit einsetzn können, weil im Sommer is's so hoaß wordn, da hat's nach a paar Minutn scho an Lauf verbogn, des war dann kein präzises Arbeiten mehr ...

OTTO   Mei, so a Haustier, des is scho a Aufgabe. Er braucht a Pflege, er braucht ja jemand, der ihm zugetan is. *Kramt in der Essvitrine.*

VETERAN   Zum Russenwegputzn ham mir damals no koane Computer net braucht, des war alles Handarbeit.

OTTO   So, da ham mir was Feines fürn Heinz. *Nimmt ein Pflanzerl aus der Vitrine.*

ANNA   Naa, Otto, des lasst da, des is vo heit. Da, nimm des, des is von vorgestern.

OTTO   Ah ja, dua's her.

ANNA   Herr Crott, noch eins?

HERR CROTT   Ja, noch 'n kleines Schnelles fürn Heimweg.

VETERAN   Da, in de Fingerkuppn, da hat ma a Feingefühl braucht, da, wegam Munitionsverbrauch, da hast nur ganz kurz antippen dürfen, prrrrt hat's gmacht, und a Garbe is naus.

OTTO   Da, Heinzi ... *Heinzi frisst nicht.* Ah, der arme Kerl, schmeckt's eahm wieda net. Er hat oiwei so wenig Appetit. Schad, dass der Penner scho weg is. *Zum Veteran* Mögen Sie's vielleicht, er mag's net.

VETERAN   Ja, dua's her, und noch an Schnaps. Mir ham damals an Mussolinischeiße fressn müssn, des kennt heut koa Mensch mehr. *Beißt ins Pflanzerl.* An Ketschap, bitte.

ANNA   So, Herr Crott, ein kleines Schnelles zum Heimgehn.

HERR CROTT   *blättert in einer Illustrierten* Danke.

ANNA   Ham S' es scho glesn, Herr Crott, jetzt soll ma in Zukunft wahlweise Steuern zahln können oder die Patenschaft für an Beamten übernehmen. I glaub, des mach i vielleicht, da weiß i dann wenigstens, wo 's Geld hinkommt, weil bei de Steuern woaß des heut koan Mensch mehr. Wissen S', des is praktisch so, wie wann ma jetz so a Patenkind in Indien hat, nur net so preiswert.

VETERAN   Ah, des haut doch nie hin! Wenn koana mehr Steuern zahlt, wer finanziert nachert die ganzn Arbeitslosn?

ANNA   Mei, de werdn in'n Beamtenstand erhobn, dann ham mir die Arbeitslosigkeit praktisch glei aa beseitigt.

OTTO   Ja genau. Ich hab mich scho länger nach einem um-
gschaut, un' jetzt hab ich mich für den da entschlossen. *Zieht
Fotos aus der Tasche.* Schaun S' da, des is der Meinige, der Herr
Rösner, a Postinspektor im Außendienst. Da, auf dem Foto is
er noch a bissl magerer, da war er noch Auszubildender.

ANNA   Mei, zeig amal, mei, nett is er. Wie alt is er denn?

OTTO   Jahrgang 49. Er is sehr zielstrebig, er möchte bald pensio-
niert werdn.

ANNA   Ja, aber Otto, du kannst dir doch bei deine Einkünfte
keinen ganzen Postler leistn.

OTTO   Nanaa, mir san a Patengemeinschaft, mir san zu dritt.
Und wenn er befördert wird, na muss noch a vierter mit einst-
eign. Wie waar's, Herr Crott?

HERR CROTT   Nein.

ANNA   Der Herr Crott is doch selber a Beamter, der kann doch
keine Beamten in Patenschaft nehmen.

HERR CROTT   Genau.

ANNA   Naa, aber ich hab mir's auch schon überlegt, aber wenn,
dann nur einen vom Gewerbeaufsichtsamt. Da hätt ma dann
an persönlichen Kontakt und im Zweifelsfall auch amal an
Nutzen. Drauf bracht hat mich der Dr. Schmidinger, mei
Zahnarzt, der hat an echten General gnommen. Mit so Orden
halt, den ladt er so hie und da bei gesellschaftlichen Anlässen
amal ein, in voller Uniform natürlich, da setzt er 'n dann beim
Essn immer so hin, dass man 'n auch gscheit sieht. A netter,
bescheidener Herr, der General. An Weihnachten wollt er
ihm seinen Mercedes schenken, den hat er fei nicht angenom-
men, also hochanständig, und der Dr. Schmidinger sagt auch,
die Generäle, de san gar net des Teure, ma könnt noch viel
mehr befördern, wenn net diese teuren Waffen wären. Da
müsst ma halt amal sparen. Diese teuren Overkills nehmen
unseren Soldaten praktisch die Arbeitsplätze weg. Ma kann's
nicht mehr finanzieren.

OTTO   Ja, mit de Beamte is des asselbe. Des Teure an dene san ja
im Endeffekt auch net nur die Gehälter, sondern die Folge-
schäden, von dem, was s' machen, weil s' immer noch was
leisten müssen, stimmt's net, Herr Crott?

HERR CROTT   Ja, da is was dran. Ach, aah …

ANNA   Noch a kleines Schnelles?

HERR CROTT   Ja, genau.

OTTO   Also, wenn die Beamten endlich amal überhaupt nix mehr leistn müsstn, des waar für unsere Volkswirtschaft eine Riesenerleichterung, na hätt mir praktisch nur noch die reinen Lohn- und Gehaltskosten und a paar Beförderungen …

ANNA   Ja, und die Kosten für die Aufenthaltsräume, Kantine, Büromaterial, Heizkosten und so …

OTTO   Aber die teuren Dienstwägn, die bräucht ma dann aa nimmer, weil sie müäßtn ja nimmer in der Gegend rumfahrn.

ANNA   Ja, da gibt's ja Staatsdiener, de ham Dienstwägn, da kostet ein Vorderreifen mit Felge mehr, als wie mei Schwiegermutter Rente hat, des hab i glesn.

OTTO   Ja, aber was hat 'n die nachert für an Mann ghabt?

ANNA   A Kriegsopfer war er von Beruf, sie hat a Kriegerrente. So, Herr Crott, jetzt …
Herr Crott ist vom Stuhl gefallen.
Otto, ruf as Taxi fürn Herrn Crott, der möchte jetz hoamgeh … *Nimmt aus Herrn Crotts Geldbeutel Geld, gibt Wechselgeld und steckt Herrn Crott seinen Geldbeutel wieder ein.* So, Herr Crott, mir ham jetzt ghabt 1, 2, 3, 4, 5, 6, 7, 8, 9 10, 11, 12 kleine Schnelle, ah, halt, und des da noch, dreizehn …
Otto bestellt im Hintergrund das Taxi für Herrn Crott.
Wenig später kommt ein Taxifahrer zur Tür herein.

TAXIFAHRER   As Taxi!

ANNA   Herr Crott, as Taxi.

OTTO   Da, des is Ihr Fahrgast … *Deutet.*

TAXIFAHRER   Hat er gspiebm?

ANNA   Nanaa, der Herr Crott macht so was net, gell, Herr Crott …
Herr Crott grunzt.

TAXIFAHRER   Ja, also, was is jetz?

OTTO   Geh, fassen S' halt gschwind mit an. Herr Crott, auf geht's …

TAXIFAHRER   Eigentlich derf i ja gar net, i hab an Herzfehler … *Hilft.*

ANNA   *nimmt Geldbeutel aus Herrn Crotts Tasche* Der Herr Crott wohnt Herzogstraße 18, 3. Stock, bei Crott, dreimal läutn, na wird er abgholt. *Gibt dem Taxifahrer einen Zwanzigmark-schein.* Da, 14,20 kost's oiwei, gebn S' mir auf 15 Mark raus, wei an Rest gibt er oiwei Trinkgeld.

TAXIFAHRER   *schleppt mit Otto Herrn Crott* Moment, glei.

OTTO   Am bestn fahrn S' über Clemensstraß und d' Wilhelm nachert links nei …

Herr Crott und der Taxifahrer verlassen das Lokal, Anna liest die Bildzeitung.

VETERAN   De Hitlersäge hat ja einen Höllenradau gmacht, da wennst an ganzn Tag kämpft hast, also ständig dieses Prrrprrr, gell, des hat's nausghaut wie Dünnschiss. Dazu des Gschrei von de Verwundeten, des war praktisch Schwerarbeit, und auf der andern Seitn die Stalinorgeln, de ham aa ganz schee pfiffn, und nie was Gscheits zum Essn …

RESERVIST   Da Leopard is aa net leiser, mei, mir hättn scho so an Gehörschutz, aba den setzt koa Sau auf, wei's so hoaß is in dem Kastn.

VETERAN   Ah, es habts ja keine Ahnung, es habts ja nix erlebt. Ringsumher is gestorben worden, da macht ma sich heut gar keine Vorstellungen mehr, a richtiges Massensterben halt …

ANNA   Da, Otto, da schau her, da steht's: Heinz Rühmann glaubt an Wiedergeburt.

OTTO   Ja, ich glaub auch, da muss was dran sein, deswegen ham mir wahrscheinlich diese Überbevölkerung.

VETERAN   Da ghört amal wieder a gscheiter Krieg her, na san's glei a paar weniger. Des is ein Naturgesetz, wie eine Selbst-reinigung förmlich, wei der Krieg is der Vater aller Dinge, des hat da Dings gsagt, da … ah, noch an Schnaps, an Obstler!

OTTO   Ja, aber der nächste Weltkrieg, des, moan i, wird a Voll-reinigung, jetz mit diesem Atom- und Neutronendings …

RESERVIST   Was habts es gega de Neutronenwaffe? De is ethisch betrachtet wertvoller, weil s' die Sachwerte nicht an-tastet.

ANNA   Da kann dann der Heinz Rühmann, wenn er wieder auf d' Welt kimmt, sein Flugzeug praktisch gleich wiederverwen-den.

OTTO   Naa, des stimmt net, weil er kimmt ja nimmer als Heinz Rühmann auf d' Welt, sondern als wer anders, also den Flugschein, den muss er auf alle Fälle no mal machen, wenn er gstorbn is.

RESERVIST   Wenn einer in am Atomkrieg stirbt, na is er meistens selbst mit schuld. Unser Bevölkerung is ja in erschreckendem Maße uninformiert.

VETERAN   Ah, hör ma doch auf! Keine Ahnung habts es jungen Hupfer.

RESERVIST   Ja! Wissen Sie zum Beispiel, wie ma sich verhält, wenn a Nuklearschlag kimmt?

VETERAN   Ah, i hab scho ganz andere Sachen erlebt wie an Atomkrieg.

RESERVIST   Da schaun S', i hab's schriftlich! Des weiß halt bloß keiner. Da, hier! *Holt Bundeswehrbroschüre, liest vor und demonstriert Merkblatt:* Schütze dich gegen die Wirkung von A-, B- und C-Kampfmitteln, des is Atom, Bio und Gas. Hier: Atomare Kampfmittel – Wenn erwartet wird, dass der Feind Atomsprengkörper einsetzt, nutze jede Deckung aus. *Springt hinter die Theke.* Also, wenn der Atomschlag von da kimmt … *Deutet.*

ANNA   Obacht, da steht a Glas mit Sol-Eier, passen S' auf!

RESERVIST   Wo? Ah ja, da, – dann: Dichte den Kampfanzug ab. *Macht seinen Anorak zu.* Bedecke Hautverletzungen mit ABC-Schutz Wundschnellverband, des hab i jetz koan da, des ghört aber heut in jede Hausapotheke, habts es oan?

ANNA   Naa.

OTTO   Daheim vielleicht …

RESERVIST   Na also, sehgts es, keine Ahnung! Dann: Setze Kapuze auf. *Setzt Kapuze auf.* Ziehe Handschuhe an. Handschuhe?!

ANNA   Neba da Spüle san Gummihandschuh.

RESERVIST   Ah, da, aber de san mir z' kloa. Des könnts euch ja vorstelln. Schütze dich gegen Blendung. *Setzt Sonnenbrille auf.* ABC-Schutzmaske bleibt zunächst in der Tragebüchse. Jaa, und nachert, ganz wichtig, gega Strahlung! Habts es a Alufolie?

ANNA   Moment. *Holt Folie, gibt Reservist ein Stück.* Da, is so recht?

RESERVIST   Naa, des glangt net, i geh von am Totalschlag aus.

ANNA   Mehr kriegn S' aber net, de brauch i zum Knochen-
eiwickln.

RESERVIST   Aber im Ernstfall bräucht ich's ganz, für meine
Knochn. *Wickelt sich in die Folie ein.* So. Jetzt wirf dich bei
überraschender Atomdetonation sofort in Deckung, Gesicht
an den Boden, Hände unter den Körper. *Wirft sich unter Knei-
pentisch.* Zähle die Sekunden bis zum Eintreffen des Detona-
tionsknalls. 1—2—3—4—5...

OTTO   Ah, der mit seim Schmarrn. Schaltet den Fernseher ein.
Schaugn mir halt amal, was kimmt.
*Aus dem Fernseher kommt ein Explosionsgeräusch und ein Film-
beitrag über Wirkungsweise einer Atombombe, Neutronenwaffe
und Cruise-Missile.*

RESERVIST   *setzt sich wieder* Ja, es habts jetz gsehn, so ungefähr
geht's.

ANNA   Gell, ma kann also doch allerhand machen bei so am
Atomkrieg. Wissen muss ma's halt.

RESERVIST   Ma muss sich halt richtig informieren und net
bloß blöd daherredn.

ANNA   Kriegnma noch a Bier?

RESERVIST   Ja.

VETERAN   Und mein Obstler, habts den vergessen?!
*Otto spielt mit dem Hamster. Im Fernsehen drunter wirkt die
Neutronenwaffe.*

Eintracht

ANNA   *Bedienung*
OTTO   *Zapfer*
EBERHARD   *Bayern-München-Fan*
ADE   *noch ein Bayern-München-Fan*
Ort: ein Wirtshaus an der Ecke

Kneipe. Anna hinter der Theke; Eberhard am Flipper; am Tisch daneben ein paar Fußballfans, darunter Ade. Otto betritt das Lokal.

ANNA   Ja, Otto, wo bleibst denn?

OTTO   Wieso? Is doch eh no net vui los.

ANNA   Des is egal, mir ham siebzehn Uhr ausgmacht.

OTTO   Du kannst heut von Glück redn, dass ich überhaupts kemman bin.

ANNA   Mei, was hast 'n heut für a Ausred?

EBERHARD   *am Flipper* Zefixhimmiarschunzwirn, Scheißkastn!

OTTO   Des is keine Ausred, des is die bittere Wahrheit. Heut, an der Bushaltestelle, da hams also direkt vor mir, haben a paar so Rowdys, ham da vor mir so an Mann verhaun, also so richtig zammgschlagn hams 'n. Wann i zerscht aus dem Bus ausgstiegn waar, na hätt's mi derwischt.

ANNA   Und, is koa Polizei kemman?

OTTO   De ham doch Wichtigeres zum Tun. Des war ja koa Demonstration, sie haben ihn halt zammgschlagn, net.

ANNA   Des warn sicher wieder so Hausbesetzer mit ihre Kernkraftwerke.

OTTO   Naa, so schlimm warn die net, des warn mehr so Fußballer.

ANNA   Ah ja, heut is ja Pokalspiel.

OTTO   Ja, genau, also, de ham jedenfalls behauptet, der Mann wäre eine Bayernsau.

EBERHARD   Was? Wer hat da Sau gsagt?! Hast du Sau gsagt?! *Packt Otto.* Hast du vielleicht Sau gsagt, Opa?!

OTTO   Nanaa, ich hab ja gar nix gsagt, ich hab nur jemand zitiert.

EBERHARD   Wer hat 'n nachert Sau gsagt?!

ANNA   Niemand. So kommunistische Hausbesetzer.

EBERHARD   Ah. So. *Flippert weiter.*

OTTO   Nanaa, des warn keine Kommunisten, des warn Fußballfans, des war also net a so wichtig in dem Sinn, aber der Mann
hat tatsächlich nimmer aufstehn können.

EBERHARD   Diese Eintrachtsäue, aber de wern ma heut auf-
mischn. Zefix, Scheißkastn! *Haut an den Flipper.* Eintracht
Zweitracht, Bayern schießt, dass es kracht! Hihaho! Eintracht
geht k. o.! Oans – zwoa – drei, bumm, Eintracht, die fällt um.
Prost!
*Ein paar Fans brechen lärmend auf, Eberhard und Ade bleiben
noch hocken.*

ANNA   Kriegnma noch a Bier?

EBERHARD   *rülpst* Diese Eintrachtdrecksäu, aber da, wenn i
heit oan dawisch, der wird aufgmischt.

ANNA   So, einmal Cörry mit Pommes …

OTTO   Für wen?

ANNA   Da, der Herr …

EBERHARD   Zefix, Scheißkastn!

OTTO   So, bittschön, der Herr, einmal Cörrywurst mit Bomm-
frit, an guatn.

EBERHARD   Herrschaftszeitnzefix!

OTTO   Sie …

EBERHARD   Da stellst as hi, Opa.

OTTO   Ja, Sie …

EBERHARD   De Sauhund, de varecktn!

OTTO   Sie, was sind denn des für Ausdrück!

EBERHARD   Halt dei Mai, du Schwammerl.

OTTO   Ja, Sie, was san denn des für Ausdrück?!

EBERHARD   Halt dei Mai, Opa, kimm, schleich di.

OTTO   Ausdrücke hat der, den kannt ma ja direkt anzeign, wega
Beleidigung.

ANNA   Sei stad, Otto, der hat no net zahlt.

OTTO   Ja, aber »du Schwammerl«, des is durchaus eine Beleidigung.

ANNA   Wieso? Des kimmt oiwei drauf o.

OTTO   In Nürnberg, da hams a Marktfrau zu zweitausend Mark
verurteilt, weil s' an Polizistn bloß geduzt hat. De hat sonst no

gar nix Despektierlichs gsagt, also, von Schwammerl war da noch gar keine Rede, obwohl's a Marktfrau war.

ANNA Na ja, aber Otto, du bist doch koa Polizist.

OTTO Aber »du Schwammerl« is scho a starkes Stück, Pilze und so, gell?

ANNA Mei, i dad sagn, Ansichtssache, gell, aber bei am Polizisten, da san des halt doch andere Maßstäbe, mögnma noch a Bier?

ADE Naa, zoin. Mir müassma ins Stadion eilaffa.

ANNA Woaßt, Otto, zu am Polizistn derf ma net amal Witzbold sagn, also Witzbold, des is für an Polizistn scho der Tatbestand einer Beleidigung.

OTTO Ja, aber wieso? Witzbold, wann zu mir oana Witzbold sagt, des is doch eher was Positives.

ANNA Jaa, privat vielleicht, aber der Polizist, der war ja im Dienst. Na hat a Radlfahrer »Sie Witzbold« gsagt, des hat fei sechshundert Mark kost. Des hab i glesn.

OTTO Sechshundert Mark?!

ANNA Sechshundert Mark, des hab i glesn.

OTTO War der so beleidigt?

ANNA Ja, der Ausdruck »Witzbold« hat den in seiner Menschenwürde zutiefst getroffen. Und der hat »Sie« gsagt, gell, wenn der »Du« gsagt hätt, na waar des auf zweitausendsechshundert kemman.

OTTO Wieso?

ANNA Du hast doch grad selbst gsagt, as Du zu am Polizistn kost zweitausend. Und sechshundert Mark für 'n »Witzbold« macht zweitausendsechshundert.

OTTO Obwohl, des mit dem Du is auch so a Sache, des hab i jetz grad glesn, »du Arschloch« als Beleidigung is wesentlich preiswerter als »Sie Arschloch«. Weil, in »du Arschloch«, da is noch ein versöhnlicher Rest, während »Sie Arschloch« …

EBERHARD Huiii, da ander! Hast du Arschloch gsagt, ha?

OTTO Neinein!

EBERHARD I hab's doch ghört, dass du Arschloch gsagt hast, Opa.

OTTO Naa, ich hab wieder nur zitiert.

EBERHARD Er, da ander, hat Arschloch gsagt.

OTTO   Ich hab Sie nicht gemeint, Ehrenwort.

EBERHARD   Arschloch hat er gsagt, bist du vielleicht für d' Eintracht, na sagst as am bestn glei, na gehma naus! Gehma naus,
Opa, ha?!

OTTO   Neinein, ich hoff genauso, dass mir gwinnen.

EBERHARD   Wird scho guat sein, Opa, wei irgendoan pack i
heit no, des hab i im Urin, Meister, also, des schwör i da,
irgendoan zerbaazld's heit no, des gib i da schriftlich, du Klätzn.

ANNA   Na zahlen S' aber zerscht noch, gell.

EBERHARD Logo. Is scho recht. Da, riach amal, Schwammerl.
Hält Otto seinen Schlagring unter die Nase.

OTTO   Ja, hoffentlich wird's ein faires Spiel.

EBERHARD   Ja, des hoffn mir aa, aber echtes Fairplay, vastehst,
weil sonst sorgen mir für Gerechtigkeit, aber scho wirkli, gell!
Fuchtelt mit seinem Morgenstern herum.

ANNA   Geh, zoagn S' mir doch amal da Ihre Ausrüstung her –
was ham S' 'n da ois? – Sie ham ghabt einmal Cörry-Pommes
und zwei Halbe, gell? Macht neun Mark zwanzig.

EBERHARD   *zeigt her* Da, schaugn S' her, Mangan-Stahllegie-
rung. Des pfeift ei!

ANNA   Mei, da können S' zuhaun, ha? Neun zwanzig macht
alles …

EBERHARD   Ja logo! Ade, zoag amal dein Killer her!
Ade kommt und zeigt Stahlrohr.

EBERHARD   Satt, ha? Made in Germany.

ADE   Hi ha ho, Eintracht geht k. o. *Geht.*

EBERHARD   *zerknüllt Zehnmarkschein und schnippst ihn auf die
Theke* Da, stimmt scho …

ANNA   Dankschön, der Herr, an schönen Abend noch, gell.

OTTO   Und a schönes Spiel. Mir halten Ihnen die Daumen.

EBERHARD   Geh weida, habts es net a paar Bierdosn, wei des
wird heit a intensiver Abend …

OTTO   Naa, leider, des kriagn S' vielleicht no draußt am Kiosk,
wann er no offn hat, dass es da vielleicht …
*Man hört von draußen hessischen Schlachtenbummlergesang:
Gling, Glöckschä, glingelingeling, gling, Glöckschä, gling. De
Aindrachd dee wärd Maisda, da Äffzeh Gölln wädd Zweida, dä
HaÄsVau wädd dridda, un Bajann geht äs bidda.*

EBERHARD Ja, oiso, i muass naus. Heut wird Bayern Tore schießen. Oder Eintrachtblut wird fließen. Haa, haa, haa!

OTTO Der hat mich an Schwammerl gnennt.

ANNA Mei, Otto, sei froh, dass er dich Krischperl net verhaut hat.

OTTO Der hat mich Schwammerl gnennt, den hätt ich anzeign können. Und geduzt hat er mich obendrein. Den hätt ich glatt können anzeigen. Also, wenn ma zu am Polizistn »Du« sagt und des scho zweitausend Mark kost, na hätt der mit seinem »Du Schwammerl«, und des hat er mehrmals gsagt, des hätt den an Haufn Geld kost.
Von draußen dringt Gebrüll herein.

OTTO »Du Schwammerl«, des hätt den also mindestens …
Eberhard fliegt mit einem Urschrei blutverschmiert rückwärts zur Türe herein.

ANNA Ja, um Gottes willn, ja, was is denn des?!

OTTO Is Eahna was passiert?

ANNA Sollma 's Rote Kreuz rufen?

EBERHARD Naa, Polizei! Polizei! De ham mi beleidigt, de zoag i o! De ham Bayerndrecksau zu mir gsagt, des muass gesühnt werdn!

OTTO Ja, und verletzt ham Se sich obendrein.

EBERHARD Schnell, rufs d' Polizei, des war eindeutig eine Beleidigung.

OTTO Einhundertzehn, Funkstreife …

ANNA *winkt ab* Ah geh, an Lappn, der ganze Boden is ja voll Bluat.

OTTO Da ham S' a Taschentüchl.

EBERHARD Es habts doch an Fernseher da herin, is des a Fernseher?

OTTO Ja, warum?

EBERHARD Ja, na schalt doch ei, Mann, jetzt geht glei des Spui o. Schalt doch ei, du Schwammerl!

ANNA Otto, schalt ei. – Was is, noch a Bier auf den Schreck?

EBERHARD Logo. *Putzt seine Verwundung.* Diese Scheißeintrachtdrecksäue …
Aus dem Fernseher Stadionton; ein Reporter erklärt die Mannschaftsaufstellung.

ANNA   So, da ham mir noch a Helles …

EBERHARD   So, und jetzt geht's auf!

OTTO   Ja, jetz geht's glei los. Hoffentlich werd's a faires Spiel!

HOBBY UND FREIZEIT

Der Hobby-Feuerwerker

Elmar Heiduk in seinem Wohnzimmer vor dem Fernseher.

Ah, was war jetz gestern? I woaß jetz gar nimmer – oder war's vor-gestern? Des war ganz gut. Er is noch, mit einer Hand is er noch an der Dachrinne vom Kirchturm ghängt. Zerscht mit der ganzen Hand und dann noch mit drei Finger und dann mit zwei, und dann is der kommen mit de Lederstiefel und is ihm aso auf die Finger – so, äh … und na hat man untn aufpflatschen sehn. Des war toll, obwohl's nur schwarzweiß war.

Na ja, und dann, was war denn dann noch? Dann war nimmer viel los – ah ja, Ding hab i noch gsehng, Karl Moik und Carolin Reiber mit'm Musikantenstadl – unterwegs in die innere Mongo-lei mit'n Ding, am Urviech –, des war auch recht nett.

Na ja, und dann war nimmer viel los.

Was hab i dann noch gschaugt? Nachtgedanken mit'n Kulen-kampff. Mei – nicht mehr viel los. Mir is dann richtig fad worn.

Ich bin dann noch a bisserl spaziern ganga – wissen S', da, glei da draußn, wo s' des neue Möbelcenter hingstellt ghabt ham.

Na ja – also wenn der Telefonmast aus Holz net da gwesen wär, ich hab dreimal hinspritzen müssn, mit'n Spiritus, bis anbrennt is.

Es is aber dann doch anbrennt, weil a bisserl a Wind aufkom-men is. Ich hab's mir dann angschaut bis zum Schluss, wia des brennt hat. Hab ich mir von daheim, vom Fenster aus hab ich's mir angschaut. Jaja, genau, des war am Freitag, weil am Samstag, da war doch der Dallas im Österreicher, den s' im Schweizer scho wiederholt ghabt ham. Ich habn aber im Deutschen a scho gsehng, und auf Video hab ich 'n auch.

Und dann, was war dann noch?

Ach ja – Besucher aus dem All. Des war toll. Da wo de Mars-menschen, oder was des warn, die ham doch da dem andern die Händ abghackt, und die Eingeweide hams eam rausgrissn, und dann hams es in a Friteuse nei und hams gessn. Des war so rösch, des hat so geknuspert – wie so Chips. Aah, des war toll. Ich hab's auch gleich aufgnommen auf Video.

Und was war jetzt dann noch?

Dann war eigentlich nimmer viel los. Irgendwas über Tomaten in Brüssel, dann Nachtgedanken vom Kulenkampff, und dann is ma eigentlich fad worn.

Ich bin dann noch a bisserl spazierengangen, da draußen, wo s' des neue Teppichland hingstellt ham. Ich hab an Spiritus mitgnommen. Aber wie ich hinkommen bin, hat's scho brennt. Da is so a netter älterer Herr auf mich zukommen mit am Benzinkanister.

Mir ham uns dann auf a Bankerl gsetzt und ham's gemeinsam angschaut, wie's brennt hat. Der Herr hat gmeint, mir wern uns jetzt dann wahrscheinlich öfters sehn.

Jaaa, was gibt's denn heut noch? *Schaut in die Programmzeitung.* Miami Vice – und da … *Deutet ins Fernsehen.* Bunt ist die Welt. Wissen S' was, die ham doch da hinten – hams an neuen Baumarkt–Hobbycenter hingstellt. Sie, wissen S' was? I geh noch a bisserl spaziern, weil des is ja irgendwie fad. *Er deutet aufs Fernsehen. Geht mit seiner Spiritusflasche ab.*

Der NS-Sammler

Also, ich bin jetzt amal, im letzten Fasching, nicht wahr, bin ich jetzt amal als SA-Mann gegangen, hähä, na ja … man möcht's ja nicht für möglich halten, nicht wahr, aber ab und zu eckt man noch an, net wahr? Jaja, wissen Sie, des … ich hab natürlich eine private These dafür, nicht wahr, des hat natürlich nicht zuletzt schon auch damit zu tun, meines Erachtens, net wahr, weil bei der SA warens früher natürlich auch schon mehr so Plebs da, warn da schon mehr dabei, solche Proleten, net wahr, solche Underdogs, net wahr. Während natürlich bei der SS waren's schon mehr die bürgerlichen Kräfte, net? Also … haha … jetzt im kommenden Fasching hab ich mir gedacht, jetz geh ich amal als Sturmbann-führer, schauma mal, wie's nausgeht, net? *Lacht.* Na ja, ich mach gern amal an Scherz. Aber, ganz im Ernst, wissen Sie, ich bin ein Sammler, ich sammle ja das Dritte Reich, ja sicher, net, ich hab jetzt, jetzt warten S' amal, ich sammle jetzt doch schon seit circa … seit circa zehn Jahren hab ich mich aufs Dritte Reich versiert. Ich hab auch die ganzen Nahkampfspangen, die Eisernen Kreuze, nicht wahr, die Blutorden, die Orden, wo Sie sich im General-gouvernement verdient ham, des hab ich alles. Ich hab mir ja erst neulich in Zürich, auf der Börse, hab ich mir die Originalreitpeit-sche vom Himmler ersteigert, mit Originalspuren drauf. Die is aufgerufen gewesen mit siebenhundertfünfzig Schweizer Franken und is dann hinauf auf … äh, sage und schreibe tausendfünfhun-dert Schweizer Franken. Warum? Ja geh, die Frage ist berechtigt, das kommt daher, weil der Amerikaner unwahrscheinlich auf den Markt drückt, net wahr, der Amerikaner drückt schwer herein, gell. Trotz der Dollarkrise, net wahr, aber auf alle Fälle: Ich hab s'. Ich hab mir bei der Gelegenheit, hab ich mir noch ein Ding erstei-gert, eine spanische Garrotte, ich weiß net, ob S' des kennen, wis-sen S', was des is, eine Garrotte? Nein? Des is so eine … wie soll ich's Ihnen erklären … des is eine Vorrichtung, so eine Apparatur, da wird praktisch der Kopf, der Schädel, samt Genick eingefädelt. Und da befinden sich links und rechts solche Schrauben dran, da wird dann langsam zugedreht. *Macht ein Würggeräusch.* Des is

praktisch ein Erstickungstod. Wahrscheinlich haben sie's in Spani-
en abgeschlagen wegen dieser Demokratisierung, net, und die
ham dann gedacht, na ja, wenn's in Spanien amal wieder einen
Rückschlag geben sollte, da brauchen sie's wahrscheinlich wieder
selber. Da is's schwierig, dass man's kriegt. Also auf alle Fälle, ich
hab's. Schauen Sie, ein guter Bekannter von mir, der sammelt ja
das Dritte Reich schon sehr lange, der hat ja schon, damals in der
Korea-Zeit hat der … äh, hat sich der … der hat frühzeitig a Nase
dafür ghabt, verstehn Sie? Der hat gewusst, wo … hähä … net
wahr? Der wohnt da draußen in München … Geiselgasteig …
Grünwald draußen, ich weiß nicht … da, wo der Heinz Rühmann
draußen gwohnt hat, wunderbar. Tausend Mark der Quadrat …
äh … zentimeter, sehr schön. Der hat da, der hat sich jetzt so ein
Haus gebaut, auch sehr schön, wissen Sie, so im Salzburger Land-
hausstil, mit so einem Reetdach, so friesisch, also, sehr schön. Und
der hat … auch das Grundstück ist eine Rosine, net? Der hat, vorn
hat der so einen alten Baumbestand, und dann hat der, vor dem
Haus hat der einen Mordstrumm Schwimmingpool. Des Haus ist
L-förmig angelegt, und in die Ecke von dem Haus hat der sich
einen Originalofen aus Dachau reingstellt. Ja, da fragt man sich
natürlich, woher hat er den? Das wird er uns aber nicht sagen,
nein … haha …! Der fährt häufig zum Beispiel – nach Warschau,
net wahr, geschäftlich, da bringt er mir immer diese Dinger mit …
jetzt müaßad i schaun, dann zeig ich Ihnen einen, vielleicht hab
ich einen da … *Er sucht.* Da ist er nicht, da hab ich auch keinen.
Der sammelt auch schon. Der fährt häufig nach Warschau, da
bringt er mir diese Ding mit, diese gelben Sterne, die kennen S'
schon, nein? Aus dem Ghetto, nicht? Die warn also so … die ham
sie sich früher da – *deutet auf Brustmitte* – angeheftet, oder auf der
Seite. Die Kinder hams auf der Mütze getragen, gibt's auch so kleine. Zu einem Preis bringt der mir mit, nicht wahr … Schwamm
drüber, net … haha … Dann bringt er mir mit diesen polnischen
Wodka, der is sowieso besser wie der russische. Und dann bringt er
mir noch mit diese, wie Pyjama schauens aus, die Original-KZ-
Uniformen, ganze Wagenladungen voll. Auch zu einem Preis …
hahaha … ja, was soll ich da sagen? Wissen Sie, der hat mich übrigens draufgebracht, des wird Sie interessieren, der sagt, dieses
Auschwitz, Sie wissen schon, nein, des Dings da, da sagt er, das ist

ja in Polen! Des is ja gar net in Deutschland, ham Sie des gwusst? Nein? Wissen Sie, ich sag des Ganze nur deshalb, jetzt san's über vierzig Jahre, jetzt ist der ganze Zauber doch vorbei, net wahr? Jetzt kommt der Carinhall-Stil. Ganz neue Dinge. Ich kann Ihnen nur einen Tipp geben: Wenn Sie an Antiquitäten interessiert sind, steigen S' ein, kaufen S' sich, net, dann liegen S' im Trend. Ich sag Ihnen des, weil ich hab a … hähä … a Nase für des, ich hab einen Riecher, glauben S' mir's!

ESOTERIK UND ERFÜLLUNG

Die Hölle

Man kann sich ja an die eigene Nase fassen, wenn man so blöd ist wie ich, aber wenn man mit einer Firma wie der Firma Ismeier über zwanzig Jahre in Geschäftskontakt steht, dann kommt man doch nicht auf die Idee, dass es sich bei dieser Firma um lauter Verbrecher handelt. Lauter Mafiosi. Ich habe bei dieser Firma Ismeier alle fünf Jahre einen Pkw gekauft und habe ihn immer bar bezahlt. Ja, komm ich da auf die Idee, dass bei dieser Firma lauter Halunken, lauter Al Capones sind? Es war doch nicht meine Idee, bei dieser Firma Ismeier einen Leasingvertrag zu unterschreiben, das war doch nicht meine Idee, und ich Rindvieh unterschreibe diesen Leasingvertrag. Seither kann ich dieser Firma monatlich DM 420,30 in den Hintern stopfen. Natürlich bin ich noch hingegangen, persönlich, und hab gesagt, Winfried – ich Idiot war noch per du mit dem Sauhund –, mit diesem Leasingvertrag, sag ich, da haben wir doch einen Fehler gemacht. Wissen Sie, was der Kerl mir sagt, sagt der glatt, was heißt da wir? Da bleibt einem doch die Luft weg. Aber dann hab ich geantwortet, aha, jetzt weiß ich, woher der Wind pfeift, wenn Sie so daherreden. Aber dann nehm ich einen Anwalt, den besten Advokaten weit und breit, und führe einen Prozess, dass die Funken spritzen, und ich habe gleich einen Prozess geführt, und den habe ich auch gewonnen – moralisch –, und dann sag ich zu dem Richter, Herr Richter, das darf doch wohl nicht sein, dass ein Mensch, der sich immer bemüht hat, mit Anstand durch dieses Leben zu gehen, seine Steuern zahlt, nicht einmal einen Strafzettel gekriegt hat oder fast nie, dass man dem dann mit einem Leasingvertrag die Gurgel abschneidet. Da sagt der Richter – doch, das geht. Ja Herrgott, das ist doch ein Sumpf, ein Morast, wo wir uns heute befinden, unter den Menschen ist keine Ehrlichkeit, keine Aufrichtigkeit, die Menschen haben keine Religion, das heißt, eine Religion, wenn sie sie hätten, dann wüssten sie doch, dass sie hinuntermüssen in die ewige Finsternis, wenn sie Leasingverträge machen, dann wüssten sie, dass da unten einer auf sie wartet mit Hörnern auf dem Kopf und dass sie in einen Suppentopf hineinmüssten, wie ein Pomme frite würden sie geröstet. Die Därme würde man ihnen rausreißen, die Zehennägel mit der Zange, und einen Dreizack kriegten sie in den Arsch, aber glauben Sie, dass diese Kreaturen noch einen Glauben haben? Ich nicht. Die, wenn die Hölle hören, dann meinen sie, es handelt sich um einen Verkehrsstau. Die zahlen auch sicher keine Kirchensteuer, da lob ich mir diese Islami, gegen die kann man wirklich sagen, was man will, man kann viel gegen die sagen, aber die haben wenigstens noch einen Glauben. Die wissen wenigstens noch, was eine Hölle ist. So ein Islami, der stibitzt was, der lässt etwas mitgehen, runter muss er, in die Verdammnis. Trinkt er einen Alkohol, das weiß er, das darf er nicht, zack, runter muss er in den Höllenschlund, und da muss er an einer Bar sitzen und einen Jägermeister nach dem anderen trinken, in Ewigkeit, amen, weil die wissen noch, was Höllenqualen sind. Bei uns aber, die wissen gar nichts mehr, nichts, wie es da unten zugeht. Mein eigener Sohn, der weiß ja nicht einmal mehr, dass der Teufel Hörner hat, dass er nach Schwefel stinkt, das weiß er nicht, dass der Teufel einen Pferdefuß hat, das weiß er nicht. Wenn ich zu meinem Sohn sage, so, du Kerl, jetzt kommt der Sparifankerl (Deifi) und holt dich, dann meint der, es handelt sich um ein japanisches Computerspiel. Ja, was lernen denn die jungen Leute heute in Religion? Diese modernen Pfarrer. Ich kann sie nicht mehr sehen, mit ihrem ständigen Friede, Friede, Ökumene, Friede, ich kann's nicht mehr hören, statt diesem Wort zum Sonntag solls doch einmal einen Höllenreport bringen, eine Reality-Show, damit man sieht, wie's da unten wirklich zugeht. Dann würden ihnen die Leasingverträge schon zum Arsch rauspfeifen. Warum schaun sich denn die jungen Leute diese Horrorvideos an, ja, warum denn? Weil die Predigten in der Kirche heute so lahmarschig sind, dass nichts mehr los ist. Aber jetzt hol ich das Neue Testament, weil da steht alles drin, dieser Johannes, das war ein kluger Kopf, der hat's geschrieben, diese Apokalypse, da kann man's nachlesen, Wort für Wort. Einst wird kommen der Erzengel, mit flammendem Schwert wird er kommen, zu vertilgen das Ungeziefer, hinweg mit dem Gesindel, hinweg mit Antichrist und diesen Autohändlern. Und das werde ich jetzt fotokopieren, und dann schicke ich es als Fax an die Firma Ismeier.

Pyrodorm 2000

GERHARD   Herr Sulzberger, wo is 'n der Herr Wiemer?

SULZBERGER   Keine Ahnung.

GERHARD   Holn S' 'n amal, schaun S', wo er is … – Herr Muff, wie schaut's jetz aus mit Neu-Abonnenten?

MUFF   An Großauftrag von der Fa. Tempora hab ich an Land ziehen können.

GERHARD   Tempora? Was wolln S' mit Tempora? Die verursachen nur Kosten, und dann zahlens net. Ich hab doch a Rundschreiben rauslassen, a schwarze Liste mit Firmen, mit denen wir nimmer arbeiten … Wo is 'n jetz der Herr Sulzberger wieder hin?

MUFF   Den ham doch Sie grad weggeschickt.

GERHARD   Ah ja, richtig. Gehn S' amal und schaun S', dass S' 'n finden …

Muff geht, Wiemer kommt.

GERHARD   Ja, Herr Wiemer, wo bleiben S' denn die ganze Zeit? Mit Ihnen muss ich ein Extrawörtchen reden.

WIEMER   Ja warum?

GERHARD   Was sind Sie von Beruf?

WIEMER   Germanist.

GERHARD   Mich interessiert nicht, was Sie hobbymäßig gmacht ham, Sie ham doch zuletzt als Zeitungsdrücker gearbeitet.

WIEMER   Akquisiteur …

GERHARD   Ja, Drücker halt, sag i doch. Und leider muss ich sagn, merkt man das. Sie verkaufen doch jetzt keine Kasblattln mehr, sondern ein seriöses Produkt. Das setzt a Taktgefühl voraus. Pyrodorm 2000, des is a Weltfirma … Ich hab da eine Beschwerde vorliegen von am Seniorenheim, da schreibt der Leiter, ein gewisser Herr Hackl, dass er zwar gerne den Provisionen beziehungsweise Zielprämien entgegensieht, aber wenn noch mal solche Leute wie Sie auftauchen, muss er von unserer Firma Abstand nehmen, weil ansonsten der ganze

Heimfrieden in Frage gestellt wird. Was ham S' denn da gmacht, Herr Wiemer?

WIEMER   Ja, ganz normal …

GERHARD   Drum kriegen wir solche Briefe.

SULZBERGER   An Wiemer kann i nirgends finden.

GERHARD   Da is er doch, Sie Schlaftablette. Also, Wiemer, raus mit der Sprache, was ham S' dene Leut verzählt?

WIEMER   Ja, nix, normal halt.

GERHARD   Dieser Personenkreis is doch sehr sensibel auf dem Gebiet, da fallt ma doch net mit der Tür ins Haus. Da fragt ma doch net: Guten Tag, wann haben Sie vor zu sterben, sondern: Haben Sie schon die letzten Dinge geregelt, und können Sie der Zukunft gefasst ins Auge sehn? Mir wollen doch Kunden gewinnen und keine Leute verprellen …

WIEMER   Des war aber ein Heim für mental Gestörte …

GERHARD   Aber der Heimleiter is doch net schwachsinnig … Im Prinzip ham S' ja a gute Standortwahl getroffen, es is immer gut, auch an den Randzonen zu schürfen, mir brauchen immer neue Marktsegmente.

MUFF   Der Sulzberger is unauffindbar …

GERHARD   Und, wer is da?

SULZBERGER   Schlaftablettn …

GERHARD   Also, Herrschaften, san mir vollzählig. Fang mir an: Bleiben mir gleich amal bei am Problem, wie's der Herr Wiemer verursacht hat: Wie erschließe ich einen neuen Personenkreis für Pyrodorm 2000?

SULZBERGER   Krankenhäuser …

GERHARD   Des macht a jeder. Weitere Vorschläge.

MUFF   Altersheime …

GERHARD   Macht auch ein jeder. Also, recht originell seid ihr nicht. Und, Herr Wiemer, ham Sie a Idee?

WIEMER   Könnt ich nächsten Dienstag vielleicht freikriegen?

GERHARD   Wegen was? Is des Ihre Idee?

WIEMER   Am Dienstag wird a Tante von mir beerdigt.

GERHARD   Was wird die? Beerdigt? Hab ich da richtig gehört?

WIEMER   Ja, beerdigt.

GERHARD   Herr Wiemer, das wär's gewesen! Damit ham Sie sich Ihr Todesurteil gesprochen …

WIEMER   Aber doch nur einen Tag.

GERHARD   Raus! Wenn Sie's net amal schaffen, an Trauerfall im engsten Familienkreis zugunsten der eigenen Firma … Raus, ich will Eahna gar nimmer sehn.

WIEMER   Aber …

GERHARD   Verabschieden Sie sich von Ihren Kollegen.

Wiemer verabschiedet sich von Muff und Sulzberger.

Na ja, Germanist. *Zu Muff* Warn Sie auch a Gerhardmanist?

MUFF   Nein.

GERHARD   Gott sei Dank. Was ham nachert Sie studiert?

MUFF   Pädagogik.

GERHARD   Na ja, des könnma eher brauchen. San Sie immer noch da, Herr Wiemer? Naus.

WIEMER   Aber ich …

GERHARD   Naus! Zu blöd, a Kündigung entgegenzunehmen … So, Herrschaften, jetz mach mir noch in brief an Crashkurs. Zielgruppen sind beispielsweise Chefärzte …

SULZBERGER   Die ham doch an Datenschutz …

GERHARD   Ja und? – Sodann Leiter von Seniorenheimen, Pflegeheimen …

SULZBERGER   Die ham doch auch an Datenschutz …

GERHARD   Ja und? Ich hätt Sie für intelligenter ghalten, Herr Sulzberger. – Also, Pflegeheime, vor allem Kooperation mit führenden Trauerinstituten, sodann Sterbebüros von Krankenhäusern, oder ma hört sich um, wo amal a schlechter Arzt is, wo sich die Ding … Fälle häufen, net.

MUFF   Ärztliches Versagen.

GERHARD   Versehen, nicht Versagen.

WIEMER   I komm net naus, da is abgsperrt.

GERHARD   Na ja, dann bleiben S' da, als schlechtes Beispiel, damit die andern sehn, wie ma's nicht macht. Sie ham zum Beispiel am Vierundachtzigjährigen an Sterbeschutzbrief verkauft. Der Mann hat genau eine Prämie gezahlt und an Löffel weggelegt, und mir müssen ihn entsorgen. – Lachen S' net so blöd. Mir sind doch nicht die öffentliche Hand. Pyrodorm 2000 ist eine private Brennerei, ah, Verbrennungsorganisation, praktisch ein marktwirtschaftlich orientiertes Krematorium, das heißt der Opa muss sich rentieren, der muss bar zahlen. Der Sterbeschutzbrief is was für junge Leute, die lange Prämien zahlen können. Wiemer, ah naa, Sie net ... Herr Sulzberger, überzeugen S' doch amal den Herr Muff von den Vorzügen unseres Sterbeschutzbriefs ...

SULZBERGER   Der Sterbeschutzbrief der Pyrodorm 2000 ist ein Servicepaket: Sie können europaweit sterben, von Stockholm bis Palermo, und kommen innerhalb von achtundvierzig Stunden als Urne an, voll beschriftet, mit Papieren und allem ...

GERHARD   Echtheitszertifikat für die Asche, grüner Punkt für sortenreine Verbrennung mit Wirbelschichtfeuerung bei konstant achthundertvierzig Grad Celsius, sodann Sondertarif für Frühgeburtentsorgung ... Was ham mir noch ...?

MUFF   Die theologische Rundumbetreuung für Angehörige jeglicher Konfession.

GERHARD   Und, was dazu? Herr Sulzberger?

SULZBERGER   Pyrodorm verbrennt nach Euronorm.

GERHARD   Genau, sehr gut. Und alles in der Pauschale inbegriffen. Da haun die Öffentlichkommunalen immer noch an TÜV drauf und d' Feuerpolizei, vierzehn Mark pro Nase ... Was noch?

SULZBERGER   Sterbebuidl ...

GERHARD   Des hoaßt net Buidl, sondern Porträt, des geht extra, des macht normalerweise des Trauerinstitut, wir liefern nur die technische Lösung für den Trauerfall, net. Was gibt's beim Euro-Sterbe-Schutzbrief noch dazu? Eine ...? – A Flasche Slivovitz, also das Preis-Leistungs-Verhältnis der Privatpersonenentsorgung is bei uns einmalig. Des Preisniveau können wir aber nur halten, Herrschaften, jetzt reißts euch amal am Riemen, bei einer Mindestauslastung unserer Verbrennungskapazitäten von 5800 Einheiten pro Monat. Des is as Minimum. Unser Ofen in Mašlice in Tschechien schafft spielend auch das Dreifache. Mir könnten jeden Monat a ganze Kleinstadt einäschern. Des is a umGERHARDüstetes Braunkohle-Wärmekraftwerk mit neuestem Stand der Technik. Auch wieder a Argument: Wer sich bei uns verbrennen lässt,

tut aktiv was für den Umweltschutz. – Ja, sonst noch Vorschläge, meine Herrn? Wie könnte man den Stammkunden-
kreis für Pyrodorm erweitern?

MUFF   Der Wiemer hat a super Idee ghabt …

GERHARD   Was? Sie ham a Idee ghabt? Des is interessant.

MUFF   Er hat gmoant, ma könnt doch die ganzen Fernost-
reisen …

SULZBERGER   Bangkok und so …

MUFF   … dass ma da die Passagierlisten von den letzten Jahren
checkt, wer ois in Thailand war, Philippinen, Kenia und so
weiter, könnt ma nachfragen …

GERHARD   Großartig, Herr Wiemer, wegen der Inkubations-
zeit, also, wer infiziert is. Da machma eine neue Kundenoffen-
sive, a Telefonaktion: Hallo, wie geht's? – und na bietma
unsern Service an. Herr Wiemer, gratuliere, es sind immer
wieder die stillen Wasser, die eine Idee ham. Da schaun S' her,
Herr Wiemer, für Ihren außergewöhnlichen Spürsinn. *Über-
reicht Pokal.* Des is fei keine Urne, des is a Pokal. Der hat halt
an Background, der Herr Wiemer, mei, halt a Germanist.
Und, Herr Sulzberger und Herr Muff, was Sie betrifft, möcht
ich Ihnen empfehlen, dass Sie sich nach was umschauen, Sie
sind gekündigt.

Nachrufredakteur

Nachrufredakteur Heinz-Klaus Füchslein:

Da hab ich jetzt wieder eine Anfrage, Giscard Mützel, Maler, kennen S' den? – Den sollten S' aber kennen, der is auf dem besten Weg, Karriere zu machen. Ich mein, gut, es gibt Leute, denen is er noch unbekannt, aber an van Gogh ham zu Lebzeiten aa viele net kennt. Ich soll jetz da an Nachruf machen für diesen Mützel, sei Galerist, der Herr Schönbeck, hat mir 'n in Auftrag gegeben, weil er, der Mützel, liegt seit vorign Mittwoch auf der Intensivstation im Sterbekammerl, des kann dann sehr schnell gehn, und dann muss a Nachruf da sein, verstehn Sie, weil der Schönbeck hat 'n grad ausgstellt, des wär ungeheuer umsatzfördernd, wenns 'n jetz … Sie verstehn. Dieser Giscard Mützel hat das Zeug zur Legende, erst vierunddreißig Jahre alt, oder jung, wie ma in so am Fall sagt, Vollalkoholiker, eine kurze intensive Schaffensperiode, und sst, Löffel weg. Er hat sich in kürzester Zeit einen Namen gemacht, obwohl ihn eigentlich koana so richtig kennt hat, aber grad des macht dann vollends die Aura, des Geheimnis. In so am Fall is so a Nachruf schreiben ein Kinderspiel, da kann ma was ausschmücken und hat an Stoff, während, manchmal is es scho arg mager, was ma da so an Lebensbilanz aufmotzen soll.

Dazu gekommen bin ich ja – ich bin beim BR Rundfunk-Redakteur, darf ich vorausschicken –, wie die zwoa Päpste so kurz hintereinander gstorbn sind. Da sinds alle auf'm Schlauch gstandn, des war vielleicht peinlich. Drum hat ma mich beim Sender jetzt fest dafür abgestellt, den jeweiligen Papstnachruf und den vom bayerischen Landesvater auf'm Laufenden zu halten. Ich tu da ständig aktualisieren, aber mir bleibt durchaus noch genügend Zeit, und so bin ich auf die Idee kommen, a breiteres Nachrufarchiv aufzubauen. A guter Nachruf is so was wie die Posthumkosmetik einer Biografie.

Ich leg mir's für mich immer erst mal zurecht, indem ich die Lebensgesamtleistung benote. A Einser, des is dann »unersetzlich«, bei am Zweier sagt ma, »er lebt im Geist weiter«, a Dreier:

»hat eine Lücke hinterlassen«, bei am Vierer sagt ma was von »unbequem« oder so, Fünfer und Sechser gibt ma normal eigentlich net, also nur bei Terroristen oder Monstern, halt große Verbrecher, die auch bekannt sind. Meistens gibt ma halt an Zweier oder an Dreier für ein abgeschlossenes Leben, bis auf die Politiker, da muss ma immer a bissl mogeln.

Der Umfang des Nachrufs richtet sich natürlich nach der Bedeutung des Verstorbenen, manchmal natürlich auch nach der Bezahlung und a kleins bissl auch nach de Daten, die man zur Verfügung hat. Wobei des mit de Daten heutzutage überhaupt kein Problem mehr is, ich mein, technisch gesehn, wenn's allerdings nix zu berichten gibt, is des was anderes. Ich bin an die entsprechenden Datenbanken angeschlossen, sämtliche Intensivstationen, Militärhospitäler, Großkliniken und so, also, wenn's irgend an Prominenten derbröselt, dann weiß ich des meistens noch vor den Angehörigen, in manchen Fällen sogar vor ihm selber. Und des is entscheidend, denn wenn's den Prominenten zammhaut, muss der Nachruf scho da sein. Des ganze Nachrufbusiness ist eine Art Warentermingschäft, ganz knallhart, wer zuerst nachruft, der kassiert. Verzeihung, wenn ich des so sag, aber durch München sausen auch die Johanniter und de Malteser, und wer 'n Patienten derwischt, der kassiert.

Jeden Morgen schau ich also in mei Fax, zu meim Drucker und meim Terminal, wo ein potentielles Nachrufobjekt in Aussicht is. Dann hol ich mir die abrufbaren Daten und schau, was die hergeben. Der Arbeitsaufwand richtet sich natürlich je nachdem nach der Frage, wer stirbt wann als was. Der Zeitpunkt des Abgangs kann also ganz entscheidend sein. Die Aktualität einer Person im öffentlichen Leben is nämlich Schwankungen unterworfen. Des kann mir passieren, da is einer im Speicher, also scheinbar prominent, und dann kannst an Nachruf anbieten wie Sauerbier. Die ganze Arbeit umsonst. Ich bin jetzt dazu übergegangen, meine Daten streng auf Aktualität zu durchforsten. A Beispiel: Neulich hab ich jetzt an Zimmermann aus'm Hauptspeicher rausgschmissn, wenn der vor zwei Jahr gstorbn wär, na wär's a halbe Seite und 150 Sekunden Beitrag noch vorm Abendkommentar in de Tagesthemen gworden. Jetzt hab ich aus der ganzen Datenmenge an Vierzeiler, praktisch eine Kompaktwürdigung, gmacht und hab ihn in der Ablage. Da san bloß Vierzeiler von Personen archiviert, die das Schicksal ereilen könnte, jederzeit abrufbereit, wenn's so weit is, naus auf allen Kanälen, da macht's dann die Menge, so was wird dann meistens unter Vermischtes gedruckt oder im unteren Teil im Feuilleton.

Der Honecker is praktisch schon historisch. Also, solche Leute sind mir im Grunde am liebsten. Hinterbänkler, zum Beispiel, ob der noch eine Legislaturperiode länger im Parlament sitzt oder nicht, spielt keine Rolle, da schreibt ma dann halt entweder, dass er an Verdienstorden noch hätt kriegen sollen oder halt, dass er 'n halt kriegt hat. Im Augenblick hab ich a bissl zu kämpfen mit dieser DDR-Problematik, da sterben viele, von denen hier keiner was weiß, und trotzdem sans prominent. Kennen Sie zum Beispiel an Kammersänger Reiner Süß? Sehn S' as, des is dene ihr Harald Juhnke, hier kennt 'n kein Schwein. Solche Nachrufe sind oft delikate Missionen, ma hat keine Daten, is auf Vermutungen angwiesen, meist greif ich dann zur Standardversion, die authentisch den Wirkungsbereich erfasst. Bei am Schauspieler redt ma dann von am Thespis-Karren, am Musiker hat der Herr die Geige aus der Hand genommen. Da muss ma aber scho wieder aufpassen, weil wenn des a berühmter Cellist war, scho is ma neidappt. Ma kann praktisch nur ein, zwei Daten aufpolieren, und den Rest macht dann die Verklärung. Neulich ist mir was ganz Furchtbares passiert: Da war auf einem Empfang lang und breit allgemein die Rede vom Tod von am promimenten Hühnerbrater, da hat's ständig geheißn, der Mann is gestorben. Hab ich noch in der Nacht einen brandaktuellen Top-Nachruf übern Fernschreiber nauslassn, am Morgen hat sich rausgstellt, der lebt noch, des »gestorben« war nur geschäftlich gemeint. Furchtbar peinlich, sag ich Ihnen, aber es hat mich auf eine Idee gebracht, und diese Idee is der Trend jetzt überhaupt: Ideennachrufe. Wenn einer a schlechtes Gewissen hat – a Nachruf, und die Idee is vom Tisch. Zum Beispiel eine Kommune will irgendein Kulturprodukt sterben lassen – Ideennachruf, und die Sache is aus der Welt. Hofgarten, eine Totgeburt, oder Gesamtschule in Bayern, Nachruf, weg. Und jetz häufen sich bei mir auch die Aufträge aus der Wirtschaft. Wenn ma einen Konkurrenten ausschalten will, a Nachruf über sein Produkt, geschickt lanciert, und er is weg vom Fenster. Die Naturschützer ham jetz die Idee der Autobahn für tot erklärt, an und für sich kein schlechter Schachzug, aber die Autolobby hat jetz an Gegennachruf rausgepowert, und bei dieser Art Nachrufe is es wie bei dene ganzn Gutachten: Wer zahlt, schafft an.

Zur Zeit arbeit ich grad an am Nachruf von der Flughafen GmbH übers Erdinger Moos. So ungefähr, dass liebenswerte und schützenswerte seltene Tiere oder Pflanzen dort leider nicht mehr vorhanden sind, sonst wär's vielleicht schützenswert gwesn, as Erdinger Moos. Von der bayerischen Staatsregierung hab ich an Auftrag, an Nachruf aufs Isental, wie schön's da die letzten dreitausend Jahr war, ich geb am Isental die Note zwei plus, a Einser wär zu schmerzlich, aber dann weiß ma wenigstens, dass des, was kaputt gmacht wird, auch was wert war. Wie gsagt, es funktioniert auch umgekehrt, Projekte, wo genügend Geld ausgebn wordn is, also verdient wordn is – Nachruf, und des werd nie mehr was. Schaun Sie, Wackersdorf, Riesenhuber, Kalkar, und jetzt fragt er wega seim Raumfahrprogramm bei mir an, aber ich bin inzwischen dermaßen überlastet – an Nachruf auf'm Streibl sei Ehrlichkeit hab ich abgelehnt, des war einfach problematisch, weil a bissl a Wahrheitssubstanz muss scho vorhanden sein, ich kann doch nicht Sachen bedauern, die praktisch nie existiert ham.

Was is mit Ihnen? Ich hab an neuen Service, an Nachruf als Weihnachtsüberraschung oder Geburtstagsgschenk von der Frau Gemahlin, ich brauch nur a paar Daten, ich mach Ihnen im Nachruf eine prachtvolle Persönlichkeit. Des Geld is vielleicht amal nix mehr wert, der Nachruf bleibt Ihnen. Ihr Herr Gemahl is allerdings noch am Leben? In so einem Fall arbeite ich dann prinzipiell nur bei Ad-hoc-Liquidation, auf Deutsch gsagt, nur gega Vorauskasse …

Danksagung

Liebe Trauergäste, sehr verehrter Herr Staatsminister, geehrter Herr Ministerialdirigent a. D. in spe – liebe Betroffene!

Das erfolgreiche Ableben unseres hochverehrten Kollegen hat unsere Erwartungen bei Weitem übertroffen. Seine vorbildliche Bereitschaft, dem Wohle des Freistaats und seiner politischen Heimat gerade noch rechtzeitig einen letzten Dienst zu erweisen, erfüllt uns mit Hochachtung, Respekt und Dankbarkeit.

Unüblich für heutige Gepflogenheiten, verließ er die Bühne ohne Scheinwerferlicht oder selbst im Mittelpunkt stehen zu wollen. Vor allem hat er der Mode alles, und wäre es noch so marginal, an die Öffentlichkeit zu zerren, meisterhaft widerstanden. Diese Haltung ist es, die wir heute hier würdigen und sie verdient es, in dieser doch so traurigen Stunde gefeiert zu werden. Wir danken dir, Dillinger, für deinen Einsatz besonders bei der Wahrheitsfindung, die leider durch diese unglückliche Dienstfahrt ein so abruptes Ende genommen hat. Wir danken dir auch, dass du uns so diese eindrucksvolle Trauerfeier ermöglicht hast.

Nicht zuletzt danken wir auch unserer bayerischen Landesbank für die erneute Mäzenierung dieses opulenten Leichenschmauses.

ZUKUNFTSSICHERUNG

Muttersorgen

Frau Dillinger erzählt in Begleitung von Heinz-Rüdiger.

Mein Gott, wissen Sie, was man da so mitmacht, mit so einem Elendskerl. Da schon wieder, Heinz-Rüdiger, pfui, Finger weg! Du sollt die Finger weg tun, nicht anlangen, nicht anlangen. Du sollst diese Sachen nicht anlangen, sonst müssen wir die Sachen kaufen.

Also, ich könnte Bücher schreiben, was man da so mitmacht. Wissen Sie, ich hab einfach das Nervenkostüm nicht mehr für so Eskapaden. Allein jetzt im Urlaub, wir waren nicht in Italien, wir waren in Frankreich, weil unser Vatti sagt, siebenundzwanzig Jahre hintereinander Jesolo, das muss einmal genügen, und außerdem, sagt der Vatti, diese Italiener sollen sich gefälligst einmal selber ausrauben. Also sind wir nach Frankreich. Also um sechs Uhr sind wir weg von München, weil wir wollten ja noch bei Tageslicht das Meer sehn. Aber kaum waren wir in Karlsruhe, da fängt er schon an, der Heinz-Rüdiger, er möchte raus zum Bieseln. Da hat aber der Vatti gleich gsagt, nein, kommt nicht in Frage, du wartest jetzt, bis wir in Marseille sind. Aber in Lyon hat er wieder angefangen, der Heinz-Rüdiger. Und ich hab auch noch gesagt: Warum fährt denn unser Vatti so schön Vollgas? Na ja, aber kaum waren wir in Avignon, da haben wir dann sowieso tanken müssen, dann ist er rausgsaust wie eine Rakete, der Heinz-Rüdiger, und wir sind aber gleich weitergefahren, weil wir wollten ja noch bei Tageslicht das Meer sehen. Aber dieses Marseille … Kennen Sie Marseille? Drei Stunden Stau, dieses Marseille ist architektonisch total versaut, dass man da nichts wegreißt oder eine Brücke drüberbaut. Also, wie wir dann am Meer waren, war es bereits zappenduster, vom Meer nichts zu sehen, bloß so ein Leuchtturm hat geblinkt. Dann sind wir in ein Lokal hinein, und der Vatti hat einen Pastis zu sich genommen, und ich hab einen Café au lait bestellt. Ein sehr gutes Lokal, bloß, es war so still da drin, wahrscheinlich ist es recht teuer, hat der Vatti gesagt, weil es so still ist. Aber warum ist es denn so still, wo ist denn der Heinz-Rüdiger? Stellen Sie sich vor, haben wir den Heinz-Rüdiger in Avignon vergessen! Jetzt haben wir wieder zurückfahren müssen, wieder diese Mautgebühr zahlen müssen, diese Franzosen sind ja unverschämt, und dann finden Sie einmal so ein Kind mitten in der Nacht in Avignon, kein Mensch spricht Deutsch, jetzt wird's aber Zeit, dass sie's einmal lernen.

Zu Heinz-Rüdiger. Pfui, Finger weg, tu die Finger weg, nicht anglangen, nicht anglangen, sonst tun wir's müssen kaufen, mein Gott, ist der begriffsstutzig, ich rede doch Hochdeutsch mit ihm, weil im Deutschen hat er auch einen Fünfer. Ich hab das Nervenkostüm nicht mehr für so einen Kerl, wissen Sie, ich hab ihn einfach zu spät gekriegt, mit vierzig Jahren, das mach ich nie wieder. Allein die Geschichte mit dem Oktoberfest, das war eine Gaudi, aber schuld war ja der Onkel Beppi, der Bruder meines Mannes, der wo in der Pschorrbrauerei arbeitet. Kommt dieser Unglücksmensch von einem Beppi daher, mit 37 Liter Freibiermarken, wie gesagt, er ist bei der Pschorrbrauerei so eine Art Schef. Ich habe aber gleich gesagt, Vatti, nein, mit siebenunddreißig Liter Freibiermarken bewaffnet gehst du mir nicht allein aufs Oktoberfest, weil da gehen wir mit. Aber wissen Sie, unser Vatti ist so einer, der trinkt sich immer so eine Art Potpourri, kaum, dass er so zehn, zwölf, dreizehn Maß Bier intus hat, dann fängt er an mit einem Marillenlikör, dann trinkt er gern einen Obstler, Zwetschgenwasser, dann Williamsbirne – Sie kennen sicher diese Sprüche, wo ein Wille ist, da ist auch ein Weg –, und dann trinkt er vor allem diesen Jägermeister, und den verträgt er nicht. Er trinkt dann immer einen Fernet Branca, weil der hilft ihm gegen den Jägermeister. Auf alle Fälle, plötzlich in dieser Situation sagt der Heinz-Rüdiger – er hat den Vatti aufgehetzt –, Vatti, gehen wir ins Spiegellabyrinth. Ich hab sofort gesagt, Vatti, nein, bleib da, mit so viel Flüssigkeit, unser Vatti war ja angezuzelt wie ein Schwamm. Aber mit unserem Vatti war nichts mehr zu machen. In seinem Suri, der Mann war ja schon gaga, war er nicht mehr zu bremsen, und es ist auch genauso gekommen, wie ich es vorhergesehen hab. Unser Vatti geht in dieses Spiegellabyrinth, tapst darin umeinander, findet nicht mehr heraus, und dann plötzlich dieser Druck. Man macht sich keine Vorstellungen, wieviel Öffnungen ein Mensch auf einmal hat. Aus unserem Vatti ist es herausgespritzt aus allen

Rohren, wie bei einem Hydranten. Und vor dem Spielgellabyrinth stand eine Menschentraube. Das Spielgellabyrinth ist ja
durchsichtig, und die Leute haben das gesehen und haben gejohlt
vor Begeisterung, weil unser Vatti so gespritzt hat. Dass man sich
da so erheitern kann, das sind doch die niedrigsten Instinkte, aber
so ist er halt, der Mob. Ich hab auf alle Fälle jetzt unserem Vatti
helfen müssen und bin rein in das Spiegellabyrinth. Ich bin genauso umhergetapst und hätte unsern Vatti nie gefunden, aber ich bin
halt immer dem Geruch nach, und wie ich ihn dann endlich
gefunden habe, habe ich dem Vatti die Wäsche gewechselt. Die
Leute draußen haben dann immer »Zugabe!« geschrien. Auf einmal ist der Heinz-Rüdiger weg. Wo ist er? Jetzt hab ich den überall
gesucht. Beim Toboggan war er nicht, beim Hypodrom war er
nicht. Einer, den ich gefragt hab, ein Polizist, hat gesagt, ich soll
bei den Alkoholleichen schaun, aber ich hab gesagt, nein, so weit
sind wir noch lange nicht.

Jetzt wieder zu Heinz-Rüdiger. Heinz-Rüdiger, bitte tu die
Sachen nicht anglangen, wenn du sie nicht anglangen tust, dann
tu ich dir vielleicht ein Spielzeug kaufelen. So, und jetzt tu das
Fingerle raus aus dem Nasi. Komm, tu das Fingerle raus aus dem
Nasele. Mein Gott, jetzt frisst er ihn auch noch. Nein, mein Nervenkostüm ist nicht mehr das beste. Am verkaufsoffenen Donnerstag, das war eine Schererei, das kann ich Ihnen sagen. Da war
ich in der neuen Verkaufsabteilung für Lebensmittel beim Hertie
in Schwabing. Kennen Sie die neue Lebensmittelabteilung beim
Hertie? Die ist einmalig. Die machen die Krebserl, die Scampis,
die Hummern, die Langusten und den Lachs in einer Sauce, wo
nur ein Joghurt drin ist und nicht wie beim Feinkost-Käfer eine
Majonäse. Und da hab ich mir gedacht, nimmst dir überall hundert Gramm mit, und dann bin ich noch schnell in die Möbelab-
teilung, aber wissen Sie, dieses skandinavische Möbelzeugs, das
sollns an die Ostdeutschen verkaufen. So ein Glump. Und in der
Rauchwerkabteilung war ich auch, und da hab ich mir noch so
Seehundstieferl mitgenommen. Ich bin dann gleich heim mit
dem Taxi, kaum war ich in der Wohnung, hab ich mir gedacht,
wo is er denn, hab ich den Heinz-Rüdiger beim Hertie vergessen?
Ich hab sofort angerufen, aber da war dann schon geschlossen. Ich
hab die halbe Nacht kein Auge zugemacht, weil man macht sich

doch Sorgen als Mutter. Am andern Tag ham sie ihn dann dahergebracht. Mittags um zwei. Diese Johanniter, aber da hab ich mir
schon erlaubt, denen zu sagen, ihr bringt ja den Heinz-Rüdiger
auch jeden Tag später.

*Heinz-Rüdiger hat ein Spielzeug in der Hand. Dieses macht ein
Geräusch. Doidoidoidackdack I kill you, I exterminate you doidoidoidackdack I kill you. I exterminate you doidoidoidackdack.* Was hat er
denn da, Heinz-Rüdiger? Ach, das ist ein Monsterl aus Plastik,
mei, das ist nett, ach, wissen Sie was, das kauf ich ihm jetzt, weil
ein bisserl was Pädagogisches soll er schon kriegen, der Heinz-
Rüdiger.

Longline

Ich find's ja ganz nett, wenn jemand a bissl musiziert, aber – *lacht etwas gönnerhaft* – na ja, 's is a Geschmackssache, net. A jeder hat seine Musik, die er mag, hahaha, ich hab auch meine, net, meine, die geht nur anders, die geht: »P – p, p – p – p.« *Ahmt das Geräusch von aufschlagenden Tennisbällen nach.* Hahahaha. *Klatscht in die Hand.* Ja, also, na aber ich muss sagen, ich weiß nicht, wie's is – ich war wieder so fasziniert, wie ich jetzt wieder diesen Becker gesehen habe. Nicht, dieser Boris Becker, der Mann ist für mich … *Das* ist Symphonie, nicht wahr. Das is … Wie der Mann Tennis spielt, das ist eine geballte Ästhetik, nicht wahr, das ist … Der Mann hat ein Charisma! Wenn Becker … ah … großartig, dieser Mann, ob-wohl ich ihn ja fast noch lieber habe, wenn er verliert. Nein, das mein ich jetzt nicht zynisch, ich mein das wirklich, nicht – es gibt keinen vitaleren Loser als Becker, nicht wahr. Schaun Sie mal die-ses Gesicht an, wenn der verliert: wie der sterbende Gallier, na ja, also großartig! Ich mein, es gibt auch andere Tennisspieler, nicht, 's gibt den Agassi, oder dieser Sampras, der is nicht schlecht, is klar. Net, Sampras ist aber mehr … Der Mann hat was Animali-sches, nicht wahr, während der Muster is auch, der Muster, ich weiß nicht, wie Sie Muster einschätzen, nicht wahr, der Mann is, äh, is halt Österreicher, na ja – äh, ein Gladiator, ein Fighter, nicht, wenn man ihn sieht, dann riecht man den Schweiß, nicht wahr, aber … net? Also, diesen Leuten fehlt dieses – Beckerhafte, ver-stehn Sie! Dieses … was? Ja freilich, Sie sehn, ich bin ein Tennis-freak, klar. *Lacht.* Ja, i schau mir alles an, is ja klar, und das Paris Open, das Australian Open, Filderstadt Open, BMW Open, nicht wahr, Bayern Open, mir kann's nicht *open* genug sein, des is klar. *Lacht.* Aber schaun Sie, jetzt is wieder Advent, nicht wahr, die Ker-zen brennen, ich bin mit meinen ganzen *sentiments* sowieso schon wieder im *paradise* für Tennisspieler. Ja klar, ich bin nächstes Jahr wieder in Wimbledon, na … *the same procedure as every year* … *Lacht.* Ja klar, nicht wahr? Schaun Sie, für einen Tennisfreak wie mich, nicht wahr, is Wimbledon, das is, was für Katholiken der Vatikan is, oder, nicht? Da muss man … ja, aber man sagt auch …

die Engländer sagen auch: *Wimbledon it's a must,* nicht wahr, net!
England is auch *the masterland of tennis,* das können Sie … Tennis
in England, das können Sie mit Deutschland nicht vergleichen,
das … da geht kein Weg, das is a *different world,* nicht wahr. England, das ist … da ist Tennis … das ist, äh, vollkommen was anders. Die Leute, die da Tennis anschaun, das ist – *culture!* Nicht,
das ist Kultur, *culture,* das ist, die ham ein ganz andres *level,* nicht?
Auf deutsch *Niveau,* das is … net? Das können Sie nicht vergleichen, diese Leute, das sind nicht wie in Deutschland *underdogs,*
nicht. In England, in Wimbledon, diese Leute, das sind, das ist,
äh, *upper class,* nicht, das sind *nobles! Aristocratic* – keine Krattler
wie in Deutschland, nicht? Na, wissen Sie, ich muss das … Einmal, muss man auch sagen, einmal in seinem Leben, einmal …
das is ein singuläres *event,* das muss man, einmal in seinem Leben
muss man das erforscht, erlebt haben, gespürt haben, im *center
court* von diesem Wimbledon, nicht? Wenn Sie da drinsitzen, im
Zentrum, auf Tuchfühlung, so wie Sie vor mir sitzen, dann da
diese *royals,* ein Duke von Windsor, ein Duke von Wellington, ein
Royal nach dem andern – und sauft sein Cola vor Ihren Augen!
Dem können Sie auf die Büchse spucken, verstehn Sie? Großartig!
Ich habe einmal in meinem Leben unseren Ministerpräsidenten
erlebt, wie er eine Leberkässemmel gegessen hat, das was *shocking!*
Na, nein, verstehn Sie mich nicht falsch, unser Ministerpräsident,
der Mann ist politisch ein Genie, aber so braucht er keine Leberkässemmel zu essen, nicht wahr? Aber ich will jetzt … Reden wir
vom Tennis, nicht wahr. Wissen Sie, ich sage, Tennis, England,
nicht wahr, England und Tennis, Wimbledon, das is … häh! *Lacht
leicht ekstatisch.* Das können Sie … das ist *lifestyle,* nicht wahr, das
ist … das kann man mit Deutschland … Wenn ich an Deutschland und Tennis denke … hihihi. Nur weil sich bei uns heute jeder
Arsch weiße Schuhe kaufen kann – das hat doch mit Tennis nichts
zu tun! Sie wissen doch selber, nicht wahr, in Deutschland … Es
ist doch bei uns wirklich so, nein: Heute spielen doch Leute
Tennis, die hätte man vor zwei, drei Jahren aus dem Bierzelt rausgeschmissen, nein? Nein? Aber wem sage ich das, net? *Kichert.*
Nein, wissen Sie … ich wollt … wissen Sie … Tennis … schaun
Sie … ich, glauben Sie … wenn Sie Tennis, wenn Sie das, diesen
Untergang, nicht wahr, wenn Sie das, äh … äh … könnt ich Ihnen

stories erzählen, *stories,* jahaa, net. Bis hier, schaun Sie, 's ist nicht lange her, nicht wahr, bei uns noch in Bad Hausen, wir ham unser Bad Hausener Open gespielt, nicht wahr, und mein Sohn, der Noel, nicht wahr, spielt gegen einen Partner, net wahr, und 's is ein Kindkollege von ihm, nicht wahr und … und … dem seine Mutter – Sie hätten schon diese Mutter sehen solln, diese Mutter … also … tz … *Findet keine Worte.* Dass überhaupt so was … hähä … eine Matrone, nicht wahr, ich weiß nicht, wie aufgebrezelt, aufgemaschelt wie ein Weihnachtsbaum, verstehn Sie? I kenn die Viecher nicht, die die da anhat, ja? Ja? Natürlich verboten, Jaguar, Leopard oder … Ich kenn sie nicht! *Jemand flüstert: »Ratz.«* Bitte? Ratz? Nein, er meint, äh, er meint Bisam, na ja, das glaub ich nicht … A jedenfalls, diese Frau mottenkugelt vor sich hin, nicht wahr? Hängt wie ein Orang-Utan da in diesen Gittern, nicht wahr, und während die Tennis spielen, ja, während die Tennis spielen, schreit diese Frau immer rein: »Oliver, Oliver, pass auf, er spielt longline!« Sag ich: »Bitte, gnädige Frau, mäßigen Sie sich, ja? Das können Sie doch nicht machen – Tennis, hier wird … hier wird Tennis gespielt, ja? Das können Sie doch nicht einfach … da rein … Lassen Sie die *youngsters,* die jungen Leute Tennis spielen, die sollen das lernen! Tennis von der Pike auf, das ist das Erlernen von, nicht wahr, das is, eine Niederlage mal verarbeiten, *psychologically,* ja – oder *victory – fair play – shake hands!* Das ist Tennis, gnädige Frau, bitte, nicht wahr, *turn off,* nicht wahr!« Aber diese Frau: »Oliver, Oliver, pass auf, er spielt longline!« – »Gnädige Frau, bitte, das können Sie doch nicht machen, Sie können doch Ihr Kind nicht während eines Matches *coachen*! Man coacht doch niemand während eines Matches! Das macht man nicht, gnädige Frau«, sag ich, nicht wahr. Tennis, das is, nicht wahr, *fundamental basic education!* Nicht? Das ist das Studieren von *social behaviour!* Ja, ich sag: »Bitte gnädige Frau, tranquillo jetzt«, ja? Aber diese Frau: »Oliver, Oliver, pass auf, er spielt longline!« Wissen Sie, ich bin ein gutmütiger Mensch, mit mir kann man Pferde stehlen, ja? Aber bei dieser Frau ist mir der Kamm geschwollen! Diese Frau hat mich dann dazu animiert, dass ich selber runtergerufen hab zu meinem Sohn, sag ich: »Noel, komm, blas den Krüppel weg vom Platz.« Na, bitte, bitte missverstehn Sie … ich hoffe, Sie missinterpretieren mich nicht, ja? Tennis, das ist … das Erlernen von

Selbstbeherrschung. Ja, das ist Selbstdisziplin. Ja? Hab mir gedacht, hätt halt die Frau a vernünftiges Kind dahergebracht und
nicht so ein Spasti, da … nein … nein, nein, natürlich sag ich das
nicht, sagt man nicht, ist doch klar … 'tschuldigung, nicht, das
sag ich natürlich nicht, aber man hat doch seine Gedanken. Wissen Sie, ich kenn, ich kenn, entschuldigen Sie den Ausdruck, entschuldigen Sie bitte den Ausdruck, aber ich kenne diese über-
ambitionierte Bagage, ja, ich kenn die! Ich kenn die auswendig,
ich kenne diese Rasse von Leuten! Da kommen die daher mit ihrem
Schraz an der Hand, nicht? Führen ihn zum Schlächter, nicht, auf
Deutsch sagt man jetzt Trainer dazu, ja – da weiß ich doch, des
Geld is rausgeschmissen, des können Sie doch im Kamin räuchern! Das wird doch nie was da, mit diesem genetischen Sonder-
müll, nicht wahr. Und dann schreit diese Frau: »Oliver, Oliver,
pass auf, er spielt longline!« Da sag ich: »Gnädige Frau, bitte! Jetz
mäßigen Sie sich, ich zeig Ihnen hier … ich war in Wimbledon,
sagt Ihnen das was? Das können Sie doch nicht machen! Wir
haben eine Verantwortung vor den *kids*, wir Erwachsenen … Die
jungen Leute brauchen Idole! Wir müssten uns … *correctness* im
Verhalten, *responsibility,* gnädige Frau! Nicht wahr, Sie werden
nicht erleben, dass mein Sohn da rumproletet! Ja? Und Schläger
schmeißt und vielleicht auch noch *fuck* schreit! Der schreit nicht
fuck! Der – schreit – nicht – *fuck!!* Und wenn der *fuck* schreit,
schreit der nur einmal *fuck!* Ja? Weil wenn er fuck schreit, bin ich
der Erste, der drunten ist, und pack ihn an den Ohrwascheln und
zieh mit ihm den Platz ab, ja?!« Und dann schreit die immer:
»Oliver, Oliver, pass auf, er spielt longline!« Sag ich: »Gnädige
Frau, jetzt, bitte! Ja? Sie dumme Gans! Ja?! Mir san doch da net im
Wirtshaus! Sondern auf einem Tennisplatz! Du Amsel, du blöde!
Du blödes Grachal, sag i, du Matz, du verreckte, hoit dei Fotzn,
sag i, du Schoaßwiesn, gell, du mistige, sag i, du Schoaßblattern,
gell, du Brunzkachl, du ogsoachte, so was wie du ghert doch mit
der Scheißbürstn nausghaut!« Dann fängt sie an: »Ich werde mich
beschweren, ich geh zur Turnierleitung, ich werde mich beschweren!« Aber, wissen Sie, die Frau soll sich beschweren. Nein, die soll
sich beschweren! Die soll sich ruhig beschweren, weil, was so eine
Hämorrhoidnbritschn sagt, so etwas ist einfach unter meinem
Niveau.

Der Schuldenkäufer

Herr Nagy! He, Herr Nagy – des is doch der Herr Nagy –, was machen denn Sie hier? *Ein Mann verlässt stumm und hastig den Saal.*

Des war sicher der Herr Nagy – mit Sicherheit –, dem muss einer eine Karte geschenkt haben, sonst könnt der sich das niemals leisten, dass der hier reingeht. Wie lang betreu ich jetzt schon den Herrn Nagy? Ich hab ihn von der Freibank gekauft für 15 000. Also für 15 000 hat ihn mir die Freibank veräußert als eine Art Sonderangebot, weil er bei ihnen mit 160 000 hängen geblieben is. Dann habens ihn zuerst durch den Fleischwolf drehen lassen, die Firma heißt nicht Fleischwolf, obwohl, das wär ein schöner Name, sondern des is der Inkasso Schimmelbrot, und der hat ihn noch amal ausgeputzt, das heißt, der hat ihn halt auf den Kopf gestellt, dann hams a bissl draufgeklopft, mit einem Gerichtsvollzieher, Titel, OE-Anordnung und so weiter, alles da. Dann hams noch amal 30 000 aus ihm herausgezuzelt. Und nach diesem ersten Aderlass hat ihn mir die Freibank, wohlgemerkt, für 15 000 überlassen. So sinds, die Banken. Was? Ja, was ist schon der Einbruch in eine Bank gegen die Gründung einer Bank, genau, vom Ding. Weil – damit ich's gründlich genug sag – 130 000 ist der Herr Nagy wert, theoretisch auf dem Papier, weil bis dass der noch was von sich gibt, muss ich schon schwer die Daumenschrauben anziehen. Jetzt sagen Sie: bloß 15 000 Investitionen bei einer Einnahmemöglichkeit von 130 000! 130 000 minus 15 000 sind 115 000 Mark. Aber, bitte vergessen Sie nicht, die 150 000 muss ich mir aus dem Nagy erst einmal herausholen, das ist doch die Kunst – wo nichts ist, hat der Kaiser sein Recht verloren. Die Banken verschenken doch nichts, das kann ich Ihnen blanko sagen. Diese Banken sind in einer Weise unseriös geworden, das ist skandalös. Weil diese Banken verkaufen ihre Schuldner, denen die Luft wegbleibt, also normale Hausbesitzer, mittlere Kreditnehmer, die wegen Krankheit oder vielleicht auch wegen simpler Blödheit hängengeblieben sind und nicht mehr flöten können, immer gleich an die Inkassobüros. Die Bank lässt sich von den Inkassobüros den Mann pekuniär röntgen, und die, wie der Schimmelbrot, nehmen dann den Delinquenten aus, brechen ihn auf, gehen ihm an die Eingeweide, und was übrig bleibt, steckens in die Gefriertruhe, und ich kann dann so tiefgefrorene Knochen kaufen wie diesen Herrn Nagy. Selbst mehrere Knochen wie der geben noch keine gescheite Suppe. Gut, ich hab jetzt dreißig Jahre Zeit, dass ich mir das Geld hol, aber der Herr Nagy ist ein Single, wechselnder Wohnort wie alle Singles, ambulant, halt das Gegenteil von einer Immobilie. Glauben Sie es mir, unsereiner will ja auch leben. Schaun S', in meinem Fall, ich hab 3 500 Mark feste Kosten, meine ältere Tochter studiert Kunstgeschichte, mei Bub macht nächstes Jahr das Abitur, meine Frau ist daheim und macht neben dem Haushalt das Büro. Ein Monat ist schnell rum … So … Sie wissen mir auch keinen, einen Gorilla? Das ist ja sowieso heute mit das Schwierigste, einen zu finden, der den Klienten bei der Betreuung nicht gleich umbringt oder zum Invaliden macht. So primitive Schläger kann man schnell amal engagieren, aber die richten eher mehr Schäden als Nutzen an und kosten auch. Jemand – ich leg gar keinen Wert drauf, dass er zuschlägt –, der so jemanden wie Herrn Nagy amal vor die Brust nimmt und ihn so anschaut, dass ihm sein Kreislauf amal a bissl ins Stottern kommt, so was kann halt fast nur noch a Künstler. Solche Gorillas sind immer schwerer herzukriegen, und wenn, dann wissen die auch, was sie wert sind. Die Bänker wissen schon, wie schwer das Geschäft ist. Früher, ja, bei der Bayerischen Freibank, der Direktor Mechow, der hat noch an Stil ghabt, der hat mir auch manchmal im Paket noch eine Familie verkauft. Die haben einen festen Wohnsitz – mit einem kalkulierten, sagen wir einmal, Psychoterror, da werden die weich, da is eine Wohnung da, da gibt's ein Kindergeld, selbst wenn's Sozialempfänger sind, da ist noch eine Zahlungsmoral, ein Verantwortungsbewusstsein. Aber diese Banken, sprich, da sins am Puls des Zeitgeistes. Die Freibank, vorige Woche, hat mir eine Familie angedreht. Was kost die Familie, hab ich gfragt, wenn ich s' kauf? 10 000 cash, hams gsagt. Wie viel Schuldenmasse gibt die Familie ab? 150 000 hams gsagt. 10 000 gut, aber no more, sage ich, aber vorher test ich s' noch amal. Weil 10 000 Mark, der Preis klingt märchenhaft. Ich kauf doch keine Katze im Sack. – Dann hab ich s' getestet, ohne Gorilla. Erst einmal selber in der Früh hab ich wieder angerufen, a bissl telefoniert. Hab ihnen gesagt, dass ich ihr neuer Treugeber bin und wo mein Geld bleibt. Hab halt mit der Therapie begonnen, um halb vier in der Früh hab ich wieder angerufen, hab a bissl was von einem Krampus erzählt und vom schwarzen Mann. In der Früh les ich's schon in der Zeitung. Schlagzeile: »Familiendrama im vierten Stock«, weil der Mann hat des eine Kind mit dem Messer abgeschlachtet, die Frau des andere Kind in der Badewanne mit'm Fön, ah, und dann is er zum Fenster rausgesprungen. Diese Journalisten, das sind Geschäftsleute, verkaufen eine Riesenauflage, dabei waren die noch warm. Und des mit der Not anderer. So – jetzt schaun ma halt, jetzt geh i amal zum Franziskaner und kauf mir a Halbe oder zwei, und dann wernma uns a bissl um an Herrn Nagy kümmern.

JAHRESAUSKLANG –
JAHRESANFANG

Sankt Nikolaus

Straße in einer Trabantenstadt – Häuserflucht. Ein Auto kommt zügig angefahren, Vollbremsung. Ein zweites Auto muss ebenfalls scharf bremsen. Allmähliche Staubildung. Ein gestürzter Nikolaus sammelt auf der Straße seine Utensilien zusammen.

FAHRER DES 1. WAGENS *zum Fenster raus* Herrgottsakrament, du Klätzn, kost du net aufpassn?! Geh weida, schleich di mit dein Graffe, du Huastnguatl, du windigs!

FRAU *aus dem 1. Wagen raus, kaum zu sehen* Aso laaft ma ja aa net auf da Straßn umanand, des is ja verkehrswidrig!

Der Nikolaus gibt sich sichtlich Mühe, seine Sachen schnell und unbürokratisch von der Fahrbahn zu transportieren.

FAHRER DES 1. WAGENS Kaaf dir doch an Blindenhund, bläda Siedla, wennst net alloa üba d' Straß kimmst!

FRAU *aus dem Wagen* Mir samma doch net im Fasching. So ein Kaschperl!

Ein Hupkonzert beginnt. Der Nikolaus hat seine Utensilien zusammengerauft, der Verkehr fließt wieder.

FAHRER DES 1. WAGENS *im Vorbeifahren* Arschloch! *Schließt sein Fenster.*

Man hört einige überfahrene Walnüsse knacken. Der Nikolaus hat sich gefangen, vergleicht auf einem Zettel eine Adresse, sieht an dem Hochhaus empor, vor dem er steht, und ist offenbar am Ziel. Er geht zum Hauseingang, sucht, läutet, wartet. Es knackt, pfeift, dann aus dem Summer eine Stimme.

STIMME *(off)* Hallo – hallo, wer is da?

NIKOLAUS Sankt Nikolaus steht vor der Tür.

STIMME *(off)* Ah, Sie sind's, Moment.

Es surrt, der Nikolaus rüttelt an der Tür, nichts geht. Der Nikolaus läutet noch mal.

STIMME *(off)* Hallo, hallo, wer is da?

NIKOLAUS Es ist abgesperrt.

STIMME *(off)* Naa. Sie müssen fest drücken.

Es surrt, der Nikolaus drückt fest, fliegt fast rein ins Haus, drückt

den Liftknopf; während er wartet, repariert er vollends sein Kos-
tüm. Die Lifttür geht auf, zwei Rocker kommen aus dem Lift.

ROCKER 1   Ui, a Nikolaus, hahahaa!

ROCKER 2   A Nikolaus, haahaahaa …

ROCKER 1   Duast scho wieder kloane Kinder vaschrecka, ha?
Geh weida, eh, was hast 'n in dein Sack drin? Ha?!

NIKOLAUS   *zieht seinen Gabensack an sich* Lassen Sie mich in
Ruhe!

ROCKER 1   Ui, da ander! Lass mi neischaugn, Spezi!

Rocker 1 pöbelt den Nikolaus an, Rocker 2 haut ihm die Bischofs-
mütze vom Kopf, Rocker 1 haut dem Nikolaus vor die Brust, der
Nikolaus verliert seinen Bischofsstab und rettet sich mit einem
Sprung gerade noch in den Lift. Tür zu.

Wohnzimmer der Familie Klinger. Die Tür ist offen. Adolf Klin-
ger und Sohn Robert sitzen vor dem Fernseher (Programm: Wer-
bespot). Hannelore Klinger kommt von der Toilette (Rauschen).

ADOLF   Herrgott, muaß der ausgerechnet jetzt kemman. Auf
wann hast 'n denn bstellt?

HANNELORE   Mei, de ham heit vui zum Doa, heit und moign.

ADOLF   Kann der net früher kemman, der Krippel, weil früher
sans allwei früher kemman. *Schenkt Bier nach.*

HANNELORE   Vielleicht is er in an Stau neikem man, oder er
hat's net gfunden. *Setzt sich, isst weiter.*

ADOLF   Wenn er besser in der Schui gwesn waar – *zeigt auf*
Robert –, na hätt ma heuer gar koan Nikolaus nimmer braucht.

HANNELORE   Ja mei, jetzt is er scho da.

Man hört von draußen Nikolaus schüchtern kratzen und sich
räuspern.

HANNELORE   Genga S' nur rei, 's is offen. So, Roberti, jetz is er
da.

FERNSEHER   Zur Fortsetzung des Programms schalten wir um
nach Bremen. – *Sendezeichen.*

NIKOLAUS   *Halboff im Flur* Ja, bin ich hier richtig? Ich such den
Robert Klinger.

HANNELORE   Ja, kemma S' doch rein, legn S' ab.

Der Nikolaus betritt das Zimmer. Irritierter Seitenblick auf den
laufenden Fernseher (im Fernsehen gerade Ansage: Vier Fäuste
für ein Halleluja o. Ä.)

NIKOLAUS   Guten Abend.

HANNELORE   'n Abend.

ADOLF   Roberti, geh weida ... *Bedeutet ihm aufzustehn.*
Robert stellt sich vor den Nikolaus.

HANNELORE   Nimm dein Kaugummi raus.
Robert folgt.

NIKOLAUS   Von drauß' im Walde komm ich her, ich kann euch
sagen, es weihnachtet sehr. Du bist also der Robert Klinger?

ROBERT   Ja, warum?

NIKOLAUS   Groß bist du schon. Bist du auch immer schön brav
gewesen?

ROBERT   Ja, warum?

HANNELORE   Geh weida, Roberti, sag schön dein Gedicht auf!

ROBERT   *sehr trocken* Komm doch, lieber Sankt Nikolaus,
komm mit deinem Sack in unser Haus. Pfeffernüsse, Mandel-
kern mögen alle Kinder gern.
Adolf hat inzwischen den Fernseher lauter gestellt.

FERNSEHER   Komm raus, Miller! Ich weiß genau, dass du hier
bist, zeig dich, Coyote! *Musik, Schüsse, Pferdegetrappel.*
Alle, auch der Nikolaus, sehen jetzt fern. – Eine wilde Schießerei,
ein Todesschrei, neuer Musikeinsatz.

FERNSEHER   Hey, Chandler, Tom hat noch ne Prise Dynamit
im Sack, jetzt räuchern wir sie aus!
Adolf zündet sich eine Zigarette an. Hannelore nimmt sich eine
Handvoll Chips; der Nikolaus sieht verstohlen auf seine Uhr.

NIKOLAUS   Ja, ich würde ja noch gerne bleiben, es ist sehr
gemütlich hier. *TV: Detonation, neuer Musikeinsatz.* Aber es
warten noch andere Kinder auf den Nikolaus.

ADOLF   *abwesend* Ja, also, Wiederschaun, nett, dass Sie da warn.

HANNELORE   Wiederschaun, dann, bis zum nächsten Mal. Sie
finden allein raus, gell?
Der Nikolaus schaut schüchtern in der Runde herum, bleibt aber
an seinem Platz stehen.

ADOLF   Ja, ist noch was?

NIKOLAUS   Ja ... *Deutet auf Robert.*

ADOLF   Ja, was is denn?

NIKOLAUS   *verschämt* Ja, das Finanzielle ...

HANNELORE   Ah ja, stimmt. Des hätt mir jetzt fast vergessn.

Geh weida, Roberti, hol gschwind am Bappa sein Geldbeutl. *Robert unwillig ab. TV: Prärierittmusik, Pferdegetrappel, Peitschenknallen.*

ROBERT *(off)* Wo is er denn?

ADOLF *zu Hannelore* Geh weida, geh du mal. *Hannelore ab, Adolf macht den Fernseher leiser.* Mögen S' an Schluck Bier?

NIKOLAUS Im Moment nicht, danke.

Adolf macht den Fernseher noch etwas leiser, man hört von unten Gejohle und Motorlärm. Adolf schließt das vorher schräg gestellte Fenster, schaut einen Moment hinaus.

ADOLF Herrgott, de spinnerten Deifen. *Setzt sich wieder.*

Der Nikolaus geht ans Fenster, sieht hinaus, man sieht unten eine Rockerclique, die mit dem Bischofsstab des Nikolaus ein Bischofsmützenstechturnier fahren.

NIKOLAUS 'nen Schnaps, wenn Sie vielleicht hätten …

ADOLF Mögen S' an Hubertus oder an Lufthansa?

NIKOLAUS Egal, irgendwas.

HANNELORE So, da hätten mir's. Was macht des jetzt heuer?

NIKOLAUS Zweiunddreißig Euro fünfzig.

HANNELORE Zweiunddreißig Euro fünfzig?!

NIKOLAUS Mit Anfahrt.

HANNELORE Ja, so, ja, i hab gmoant, da is auch a Krampus dabei?

NIKOLAUS Vom Krampus kommt man immer mehr ab. Aus pädagogischen Gründen …

HANNELORE Ah so, ja dann. *Zahlt, erhält Quittung.* Also dann, Wiederschaugn.

ADOLF *abwesend* Wiederschaun, Herr, äh …

NIKOLAUS Ja, behüt euch Gott. Also, Robert, hast du gehört? Immer schön brav sein. *Gibt Robert eine Weihnachtstüte aus seinem Sack.*

ROBERT Dank schön.

Detonation im Fernseher. Text: »Dem haben wir's sauber gegeben. Der ist erledigt« – Musikeinsatz. Der Nikolaus ist verschwunden.

ADOLF … Wie viel hat jetzt der Scherz kost?

HANNELORE Zweiunddreißig Euro fünfzig. Mit Anfahrt vom Künstlerdienst.

ADOLF   Zweiunddreißig Euro fünfzig, des is ja a Unverschämt-
heit, dafür kann i ja scho a Doktor kemma lassn.

HANNELORE   Ja mei, ois werd teirer.

ADOLF   Aber's nächste Mal nehman mir oan vom Pfarramt.
De san billiger. Und echter.

HANNELORE   Ja, heuer ham mir ja koan andern mehr kriagt.
De vom Pfarramt warn ja scho alle ausgebucht.

Robert geht ans Fenster.

ADOLF   Ja mei, na bstellst halt scho glei jetzad oan für nächsts
Jahr.

*Robert sieht zum Fenster raus, man hört johlende Rocker, die den
Nikolaus jagen ... Robert grinst.*

Der Weihnachtsneger

Also, mir ham uns heuer, ham mir uns an Neger kommen lassen an Weihnachten. Des war im Zusammenhang mit dieser Aktion »Brot für die Welt«. Ja, also, ich mein, mir ham schon drauf gschaut, gell, dass was Seriöses reinkommt, net. Er is uns ja eigentlich direkt vermittelt worn von der Landesboden-Kreditanstalt, weil da ist er doch Assistent. Er hat alles kriegt, net, also, mir ham ihm an Spekulatius, ham mir ihm angeboten, an Zopf, an Stollen, was vom Gebäck, also, er war ganz begeistert. Und er is ja auch aus a sehr guten Familie, er kommt aus Tschurangrati, sei Vater is irgendwie König oder so was Ähnliches von Beruf, net. Und, ich mein, mir warn nicht unzufrieden mit ihm, gell, er hat gessn, er hat gschaut, net, er hat die Augen ganz weit und die Ohrwaschel gspitzt, weil des is er ja net gwöhnt, a so a Weihnachtsfest. Aber dass dieser junge Mensch, also aso, sagn mir amal, transpiriert, net, also, dass er so schwitzt, da hat der Bappa, hat gsagt, also, des is ja, des geht ja net, also an Weihnachten, und da Bappa hat auch gsagt, mir nehmen's nächste Mal kein Neger mehr, gell. Und der Bubi steht ja scho lang auf am Indianer, also, 's nächste Mal nehmma mir uns an Indianer.

Vorsicht, Neujahr!

Liebe Spekulanten, Ministranten und Quotanten!

Wiederum, oder besser, abermals, oder lassen Sie mich sagen, auf's Neue steht uns, um es altmodisch zu sagen, das event before. Vor unseren Augen verblasst, verbleicht, verjährt sich ein Jahr, als ob es schon immer so gewesen wäre. Da stellt sich einem doch unweigerlich die Frage: Ja, wo ist es denn geblieben?

In aller Bescheidenheit – ich weiß es! Und ich werde es Ihnen auch sagen: beim Steuerberater, im Leitzordner!

Das heurige Weihnachten war wieder ein voller Erfolg. Die Tante Wally hat Fingerhandschuhe und ein paar Mietwohnungen in Leipzig geschenkt gekriegt, der Onkel Rudi eine Flasche Wein und eine Seenplatte in Mecklenburg. Meine Frau wollte schon immer gern den Stechlin haben, der war aber leider bereits vergriffen, dafür hat sie dann halt den Oderbruch bekommen und ein Parfüm wie jedes Jahr.

Nur dem Vati ist es immer schwer, was zu schenken. Er mag nichts im Osten – na ja, dann kriegt er halt im nächsten Jahr ein Männerhouse in Florida.

Gleich werden jetzt Scharen von Politikern uns ihre Wortdressuren vorführen wie »Kontinuität darf nicht außen vor bleiben« oder »An die Zukunft glauben, heißt Vertrauen schaffen« und »Ja zur Solidarität mit der Herausforderung!«. Da kann ich zustimmen. Ein Politiker ist immer eine Herausforderung, vor allem, wenn er mit einem solidarisch ist. Dass aber mein persönlicher Kanzler als mein Repräsentant extra wegen mir, nur um mich zu repräsentieren, auf eigene Kosten nach China gefahren ist, und das noch in diesem Jahr, wo er doch im nächsten so viel zu tun haben wird, erfüllt mich mit Dankbarkeit. Sehr bewegt hat mich auch, dass mein Ministerpräsident, um meine Geschäfte in Südafrika zu promoten, wegen meiner, also mir, sich dort hat blicken lassen. Das nenn ich Solidarität! Derweil hätt's das gar nicht gebraucht in meinem Fall, weil ich ja Tretboote verleihe und Südafrikaner nur spärlich zu mir kommen.

Dieses Jahr war vor allem ein Jahr der Kontinuität wie bei mei-

nem Bekannten, einem Konservativen, einem echten Traditiona-
listen, der sagt, er hat schon vor Jahren keinen Kredit mehr von
der Bank bekommen, so auch dieses Jahr, und auch im nächsten
Jahr wird sich daran nichts ändern, da ist er – Euro hin, Ecu her –
zuversichtlich.

Aber was ist schon ein Jahr? Gerade noch war der Nikolaus da
mit seinem Gabensack, da steht schon wieder der Gerichtsvollzieher vor der Tür. Wenn uns die Veterinäre versichern, dass ein
Menschenjahr gleich sieben Hundejahre ist, vermute ich, dass es
unter den Hunden auch welche gibt wie mein Spezi, der hats gerade noch in diesem Jahr geschafft, auf Anraten seines Steuerbera-
ters rechtzeitig in die CSU einzutreten, weil er eine Verlustzuwei-
sung braucht, und charakterlich kann er's dann auch absetzen.

Wenn jetzt dann gleich die unzähligen Moderatoren in den
Programmen vor Enthusiasmus in die Höhe hupfen wegen Silves-
ter und wenn's dann kracht, nehme ich meinen Laptop und er-
rechne, für wie viel Geld mein Nachbar hinaufschießt. Jedes Mal
wenn einer »aaaah« schreit, weiß ich, was es kostet. Anschließend
beteilige auch ich mich am Feuerwerk. Punkt zwölf Uhr öffne ich
umsichtig eine Streichholzschachtel, entnehme besonnen ein
Zündholz; mit dem linken Zeigefinger spanne ich es auf die Reib-
fläche, dann schnalze ich es mit dem Mittelfinger der rechten
Hand in die Luft, wobei es sich inflammiert. Diesen Vorgang wie-
derhole ich zwei- bis dreimal, weil er beeindruckend preiswert ist
und die Symbolik trotzdem erhalten bleibt. – So schnell verglüht
ein Jahr!

Was aber wird uns das neue bringen? Das Dreiliterauto? Vielleicht lauert aber auch schon ein Attentäter mit einem Zweiliter-
auto auf uns! Mit einem Hundertlitertank!

Ja, wann, frag ich Sie, komm ich denn dann noch zum Einkau-
fen in meinen Tankshop? Ich muss doch auch leben! Ich kann
mich nicht wie sogenannte Kunstmaler hinstellen, ein Bild herzei-
gen und auch noch Geld dafür verlangen, oder wie diese Klein-
kunsttheater, die eine Subvention wollen, bloß dass man zu ihnen
hineingeht. Ganz zu schweigen von diesen Musikern, die sich in
Konzertsälen einnisten wollen auf unsere Kosten, wo doch ein
jeder weiß, dass Musik in den Radio gehört und umsonst ist. Da
sagen die, wegen live – wo ich doch selber live bin; weil ich besitze

eine Schüssel, und wer eine Schüssel auf dem Dach hat, braucht keinen Riss mehr im Hirn. Ich kenne die Welt, und wer sie kennt, der weiß, dass sie zu uns kommen will – da brauchen wir doch nicht zu ihr hin! Ich selber habe den festen Vorsatz, ich werde mir auch im neuen Jahr kein Bild kaufen, und in ein Theater bringen mich keine zehn Pferde hinein. Warum auch, die ganze Welt will doch so sein wie wir – das sieht ihr ähnlich. Und wir waren uns früher viel ähnlicher als heute, und auf dass wir uns im nächsten Jahr noch ähnlicher werden, darauf trinke ich.

Vorsicht, Neujahr!